¿Quiénes somos?

RAMTHA

¿Quiénes somos?

Título original: *Who Are We Really?*
Copyright © 2002 JZK, Inc.
Derechos exclusivos para la traducción y publicación en español:
SIN LÍMITES, UNA DIVISIÓN DE
L.D. BOOKS, 2005.
8313 NW 68 Street
Miami, Florida, 33166
Tel. (305) 406 22 92 / 93
ldbooks@bellsouth.net

Distribución en México:
Lectorum, S.A. de C.V.
Tel. 55 81 32 02
ventas@lectorum.com.mx

Impreso en México

Para más información sobre las enseñanzas de Ramtha:
Ramtha's School of Enlightenment
P.O. Box 1210, Yelm, WA, 98597 USA
www.ramtha.com

Primera edición: septiembre 2005

ISBN: 0-9772669-1-5

www.sinlimites.net

¿Quiénes somos?
RAMTHA

Traducido por:

Antonio Campesino

Mensaje importante sobre la traducción

Este libro está basado en Ramtha Dialogues®, una serie de grabaciones magnetofónicas de discursos y enseñanzas dados por Ramtha. Ramtha ha elegido una mujer americana, JZ Knight como su único canal para difundir su mensaje. El único idioma que usa para comunicarlo es el inglés. Su estilo de oratoria es muy particular y nada común, por lo que a veces se puede malinterpretar como un lenguaje arcaico o extraño. Él ha explicado que su elección de las palabras, su alteración de las palabras, su construcción de frases y orden de los verbos y los nombres, sus descansos y pausas en medio de las frases, son todos intencionales, para alcanzar múltiples capas de aceptación e interpretación presentes en una audiencia compuesta por gente de gran diversidad de herencia cultural o clase social.

Para conservar la autenticidad del mensaje dado por Ramtha, hemos traducido este libro lo más cercanamente posible a las palabras originales y así permitir al lector que experimente las enseñanzas como si estuviera presente. Si usted encuentra algunas frases que parecen incorrectas o extrañas de acuerdo con las formas lingüísticas de su idioma, le aconsejamos que lea esa parte de nuevo tratando de captar el significado que hay detrás de las palabras, en lugar de simplemente criticar la construcción literaria. También le aconsejamos comparar y usar como referencia la obra original en inglés publicada por JZK Publishing, una división de JZK, Inc., para más claridad. Nuestros mejores deseos. Disfrute su lectura.

¿Quiénes somos?

Índice

Introducción

En otras palabras, el quid
de todo su enfoque consiste
en venir aquí y enseñaros
a ser extraordinarios.

No es necesario que os levantéis. Mi nombre es JZ Knight y soy el verdadero dueño de este cuerpo. Bienvenidos a la Escuela de Iluminación de Ramtha, sentaros. Gracias.

De modo que vamos a comenzar diciendo que Ramtha y yo somos dos personas diferentes, dos seres diferentes. Tenemos un elemento de la realidad en común que por lo general es mi cuerpo. Yo soy bastante diferente a él. Aunque de alguna manera nos podamos parecer, realmente no nos parecemos.

¿Qué os voy a decir? Veamos. Durante toda mi vida, desde que era pequeña, he oído voces en mi cabeza y he visto cosas maravillosas que para mí, en mi vida, eran normales. Y fui lo suficientemente afortunada de tener una familia o una madre que era un ser humano con muchas habilidades psíquicas, y que en cierto modo nunca condenó lo que yo estaba viendo. Y tuve experiencias maravillosas durante toda mi vida, pero la experiencia más importante fue que yo tenía este amor tan profundo hacia Dios, y había una parte de mí que entendía qué era aquello. Más adelante en mi vida fui a la iglesia e intenté entender a

Dios desde el punto de vista de la doctrina religiosa y tuve muchas dificultades con ello porque estaba en conflicto entre lo que sentía y sabía.

Ramtha siempre ha sido una parte de mi vida desde que nací, pero yo no sabía quién era o qué era; solo sabía que había una fuerza maravillosa que caminaba conmigo, y cuando tenía problemas —en mi vida tuve mucho dolor mientras crecía— siempre tenía experiencias extraordinarias con este ser que me hablaba. Y podía oírle tan claramente como os podría oír a vosotros si tuviéramos una conversación. Él me ayudó a entender muchas cosas en mi vida de un modo que iba más allá del ámbito normal de lo que sería un consejo de alguien.

No fue hasta 1977 cuando él apareció ante mí en mi cocina, un domingo por la tarde, mientras estaba haciendo pirámides con mi marido en aquel entonces; estábamos deshidratando comida pues éramos muy aficionados a hacer excursiones y acampar y todo lo relacionado con ello. Entonces yo me puse una de aquellas cosas tan ridículas en la cabeza, y del otro extremo de mi cocina surgió esta maravillosa aparición que medía siete pies de altura; era brillante y maravilloso, y un poco austero. Tú no esperas sencillamente que a las dos y media de la tarde se te aparezca algo así en la cocina. Nadie puede estar nunca preparado para esto. Y de este modo, Ramtha, en aquella ocasión, realmente hizo su aparición evidente para mí.

Lo primero que le dije —y yo no sé de dónde salió— fue: "Eres tan hermoso. ¿Quién eres tú?"

Y su sonrisa es como un sol. Él es extraordinariamente bien parecido. Y me dijo: "Mi nombre es Ramtha el Iluminado, y he venido a ayudarte a salir del bache". Siendo una persona tan simple como soy, mi reacción inmediata fue mirar al piso porque pensé que quizá le había pasado algo, o iba a caer una bomba; realmente no sabía.

Y fue a partir de ese día que él se convirtió en algo constante en mi vida. Y durante aquel año de 1977 sucedieron muchas cosas interesantes, y eso es decir poco. Mis dos hijos pequeños llegaron a conocer a Ramtha en aquellos días y a experimentar algunos fenómenos increíbles, del mismo modo que mi marido.

Más adelante en ese mismo año, después de haberme enseñado y haber tenido algunas dificultades diciéndome lo que era y yo entendiéndolo, un día me dijo: "Te voy a enviar un mensajero que te traerá una colección de libros; léelos y entonces sabrás quién soy. Esos libros se titulaban "Vida y Enseñanza de los Maestros de Lejano Oriente" (*Life and Teaching of the Masters of the Far East*. De Vorss & Co. Publishers, 1964). Y los leí y comencé a entender que Ramtha era uno de esos seres, en muchos aspectos. Y aquello me sacó de alguna manera de la tendencia a categorizar: "eres Dios o eres el diablo," que me había invadido en aquella época.

Y cuando finalmente llegué a entenderle, él pasó largos momentos paseando en mi sala; los siete pies que medía este hermoso ser, poniéndose cómodos en mi sofá, sentándose, hablándome y enseñándome. Y algo de lo que no me di cuenta en aquel entonces fue que él ya sabía todas las cosas que le iba a preguntar y cómo contestarlas. Pero yo nunca supe que él sabía eso.

De este modo, desde 1977 él ha tratado conmigo pacientemente, al permitirme preguntarle no sobre su autenticidad, sino sobre cosas referentes a mí como si fuera Dios, enseñándome, llamándome la atención cuando quedaba atrapada en el dogma o en la limitación, llamándome la atención justo a tiempo, enseñándome y ayudándome a superarlo. Y yo siempre decía: "Sabes una cosa, eres tan paciente, creo que es maravilloso que seas tan paciente." Y él simplemente se reía y decía que tenía 35 000 años, que qué más puedes hacer en todo ese tiempo. Así que no me di cuenta de que él sabía lo que le iba a preguntar hasta hace aproximadamente unos diez años, por eso era tan paciente. Pero como el distinguido maestro que es, me dio la oportunidad de tratar estas cosas en mí misma y después me concedió la gracia de hablarme de una manera que no era presuntuosa y que, como haría un verdadero maestro, me permitiría llegar a las comprensiones por mí misma.

Canalizar a Ramtha desde finales de 1979 ha sido toda una experiencia, porque cómo te vistes para él... Ramtha mide siete pies y lleva dos túnicas, que siempre le he visto lucir. Aunque sean las mismas túnicas, son realmente hermosas, y nunca te cansas de verlas. La túnica de abajo es blanca como la nieve y le llega hasta donde creo que están sus pies. Después tiene otra túnica que lleva por encima que es de un color púrpura hermosísimo. Debéis entender que yo he visto muy de cerca la tela de estas túnicas y no es realmente tela. Es algo así como luz. Y aunque la luz les dé una transparencia, se entiende que lo que lleva puesto es algo real.

El rostro de Ramtha es de color canela, y esa es de la mejor forma en que puedo describirlo. No es realmente ni marrón ni blanco, y tampoco es rojo; es como una mezcla de todos ellos. Y él tiene unos ojos negros muy profundos que cuando te miran sabes que realmente te están viendo. Tiene unas pestañas que son como las alas de un pájaro y que le llegan hasta las cejas. Su mandíbula es cuadrangular, y su boca, simplemente hermosa; cuando te sonríe sabes que estás en el cielo. Tiene unas manos muy largas, y dedos largos que usa elocuentemente para ayudar a expresar sus pensamientos.

Bueno, podéis imaginaros entonces cómo me sentía después de haberme enseñado a salirme de mi cuerpo, sacándome de él literalmente y arrojándome en el túnel, chocando con la pared de luz, rebotando y dándome cuenta de que mis hijos acababan de llegar de la escuela y que yo apenas había terminado de lavar los platos del desayuno, de que acostumbrarse a desaparecer en el tiempo de este plano era algo realmentc difícil, y de que yo no entendía dónde iba ni lo que estaba haciendo. De modo que tuvimos muchas sesiones de práctica.

Podéis imaginaros que él llegue y os arranque de vuestro cuerpo y os mande hasta el techo, y entonces os pregunte: "¿Qué te parece la vista que tienes ahora?" Y que después os arroje a un túnel —y quizá la mejor manera de describirlo sería que es como un agujero negro en el próximo nivel—: ser lanzado por este túnel, golpear la pared blanca y sufrir amnesia.

Además tenéis que entender que él me hacía esto a las diez de la mañana, y que cuando regresaba de la pared blanca eran las cuatro y media de la tarde. Era realmente un problema tratar de ajustarse con el tiempo que se había perdido aquí. Tardó un buen tiempo en enseñarme cómo hacer eso, y fue divertido juguetear, aunque absolutamente aterrador en algunos momentos.

Pero para lo que él me estaba preparando era para enseñarme algo a lo que yo ya había accedido previamente a esta encarnación, y que mi destino en esta vida no era simplemente casarme y tener hijos y prosperar en la vida, sino superar la adversidad y permitir que sucediera lo que estaba previamente planeado, y ello incluía una extraordinaria conciencia, lo que, por supuesto, él es.

Tratar de vestir mi cuerpo para Ramtha era un chiste. No sabía que hacer. La primera vez que tuve una sesión de canalización llevaba tacones y una blusa, creía que iba a la iglesia. Así es que os podéis imaginar, si disponéis de algo de tiempo para estudiarle, cómo se vería vestido con un traje y con tacones, que, por cierto, no se los ha puesto en su vida.

Supongo que la esencia que os quiero trasmitir es que es realmente difícil hablarle a la gente —y quizá algún día yo llegue a hacer eso con vosotros, y a entender que habéis llegado a conocer a Ramtha, habéis conocido su mente, su amor y su poder— y cómo entender que yo no soy él, y que aunque estoy trabajando en ello con mucha diligencia, nosotros somos dos seres separados, y que cuando me habláis a mí en este cuerpo me estáis hablando a mí, y no a él. Y algunas veces en esta última década, esto ha sido un desafío para mí en los medios de comunicación, porque la gente no entiende cómo es posible que un ser humano pueda estar dotado de una mente divina y al mismo tiempo estar separado de ella.

Así que quiero que sepáis que aunque veáis a Ramtha aquí afuera en mi cuerpo, es mi cuerpo, que su aspecto no es en absoluto como éste. Pero su apariencia en el cuerpo no disminuye la magnitud de quién y qué es. Y también deberíais saber que cuando hablamos, cuando empezáis a preguntarme sobre cosas que él ha dicho, es posible que yo no tenga ni idea de lo que me estáis hablando, porque cuando deje mi cuerpo dentro de pocos minutos, me habré ido a un tiempo totalmente distinto y a otro lugar del que no tengo memoria consciente. Y cualquiera que sea la duración del tiempo que él pase hoy con vosotros, para mí será probablemente entre tres y cinco minutos más o menos, y cuando regrese a mi cuerpo, todo el tiempo de este día habrá pasado y yo no habré formado parte de él. Y yo no escuché lo que os dijo ni sé lo que hizo ahí afuera. Cuando regreso, mi cuerpo está exhausto, y a veces me cuesta subir las escaleras para cambiarme y hacerme presentable para lo que el día me ofrezca, o lo que queda del día.

También deberíais entender, como estudiantes principiantes, una cosa que se tornó obvia con el paso de los años, y es que él me ha enseñado muchas cosas maravillosas que supongo que la gente que no ha alcanzado a verlas ni siquiera podría soñar con ellas en sus sueños más descabellados. Y yo he visto el universo veintitrés, he conocido a seres extraordinarios y he visto el ir y venir de la vida. He visto a generaciones nacer, vivir y desaparecer en cuestión de segundos. He estado expuesta a acontecimientos históricos que me ayudaron a entender mejor qué era aquello que debía saber. Se me ha permitido caminar junto a mi cuerpo en otras vidas y ver quién era y cómo era, y también se me ha permitido ver la otra cara de la muerte. Así es que estas son oportunidades preciosas y privilegiadas, que en algún momento de mi vida gané el derecho de experimentar en esta vida. Hablar de ellas a otras personas me produce, en cierto modo, una desilusión, porque es difícil transmitir a gente que nunca ha estado en estos lugares cómo son realmente. Y, como un narrador de cuentos, lo intento lo mejor que puedo, pero aún me quedo corta.

Pero yo sé que la razón por la que él trabaja con sus estudiantes del modo en que lo hace es porque Ramtha tampoco quiere eclipsar nunca a ninguno de vosotros. En otras palabras, el quid de su enfoque consiste en venir aquí y enseñaros a ser extraordinarios; él ya lo es. Y no consiste en que él produzca fenómenos. Si él os dijo que os iba a enviar mensajeros, os van a llegar en cantidad. No consiste en que él realice trucos enfrente de todos vosotros; eso no es lo que él es. Eso son herramientas de un avatar, que aún es un gurú que necesita ser adorado; y con él ese no es el caso.

Lo que sucederá entonces es que él os enseñará, os cultivará, y os permitirá crear los fenómenos, y vosotros seréis capaces de hacerlo. Y un día, cuando seáis capaces de manifestar al daros la señal, y seáis capaces de dejar vuestro cuerpo, y seáis capaces de amar... —cuando a los ojos del interés humano es imposible hacer todo eso—, un día él se presentará en vuestra vida, porque estáis listos para compartir lo que es. Y lo que él es, es simplemente aquello en lo que os vais a convertir. Y hasta entonces él será diligente, paciente, con entendimiento, conocedor de todo y de cada cosa que necesitemos saber para poder aprender a ser eso.

Y lo que sí os puedo decir es que si os ha interesado lo que habéis oído en su presentación, y estáis empezando a amarlo aunque no podáis verle, eso es una buena señal, porque quiere decir que lo que era importante en ti es que tu alma te urgía a desenvolverte en esta encarnación. Y puede que eso vaya en contra de tu red neuronal. Puede que tu personalidad discuta y mantenga un debate contigo, pero vas a aprender que ese tipo de lógica es realmente transparente cuando el alma te impulsa hacia una experiencia.

Y puedo decir que si esto es lo que queréis hacer, vais a tener que ejercitar la paciencia y el enfoque y vais a tener que hacer el trabajo. Y el trabajo al principio es muy duro. Pero si tenéis la tenacidad de seguir con él, entonces puedo deciros que un día este profesor os va a dar la vuelta completamente. Y un día seréis capaces de hacer todas esas cosas extraordinarias que los maestros que habéis escuchado en mitos y leyendas tienen la capacidad de hacer. Seréis capaces de hacerlas porque ese es el camino. Y en última instancia esa habilidad es, singularmente, la realidad de un Dios despertando en forma humana.

Ahora bien, este es mi camino y ha sido mi camino durante toda mi vida. Y si no hubiera sido importante y no hubiera sido lo que ha sido, no estaría viviendo en el olvido.la mayor parte del año, en beneficio de unas pocas personas que vienen a tener una experiencia de la Nueva Era. Esto es mucho más grande que una experiencia de la Nueva Era. Y también debería deciros que es mucho más importante que la habilidad de meditar o de practicar el yoga. Esto consiste en cambiar la conciencia a lo largo de nuestras vidas en cada punto, y en ser capaces de descolgar y dejar de limitar nuestras mentes para que seamos todo lo que podemos ser.

También deberíais de saber que otra cosa que he aprendido es que sólo podemos demostrar lo que somos capaces de demostrar. Y que si dijerais: "Bueno, ¿qué es lo que me está bloqueando y no me permite hacer eso?"… el único bloqueo que tenemos está en nuestra falta de rendición, nuestra habilidad para rendirnos, nuestra habilidad para permitir, y nuestra habilidad para apoyarnos a nosotros mismos incluso ante nuestra duda neurológica o la duda de nuestra red neuronal. Si os podéis apoyar en medio de vuestra duda, abriréis la brecha, porque ese es el único bloqueo que hay en vuestro camino. Y un día vais a hacer todas estas cosas y vais a ver todas las cosas que yo he visto y que se me ha permitido ver.

Así es que sólo quería salir aquí hoy y mostraros que existo y que amo lo que hago, y que espero que estéis aprendiendo de este profesor, y, lo que es más importante, que sigáis con él.

JZ Knight

I
¿No sabes que eres Dios?

Saludos, mi hermosa gente. Yo os saludo desde el Señor Dios de mi Ser al Señor Dios de vuestro Ser. Ahora, principiantes, bebamos. Es agua, simplemente.

Este saludo que ofrecemos cuando nos reunimos, lo hacemos en nombre de Dios. Y sí, hay un Dios, pero lo más importante es que ese Dios, y así es en verdad, interactúe y eleve vuestro Espíritu el día de hoy, abra vuestra mente para que aprendáis, y abra vuestra alma para que aceptéis los mensajeros que os van a llegar. Todo eso os está pasando, y os elevará.

Así pues, esta es nuestra plegaria. Repetidla.

Mi amado Dios,
Ser misterioso
Que me dio la vida
Y alimenta mi propósito.
En este día,
Celebro mi vida.
Deseo
Que se expanda mi conocimiento.
Deseo
Que se cure mi cuerpo,
Y doy permiso para que suceda.
En este día,

Deseo que cambie mi vida,
Que pueda realizar
El propósito que has asignado a mi vida.
Que Dios bendiga mi vida.
Que así sea.
¡Por la vida!

Qué hermoso; podéis sentaros. Y, por Dios, ¿no sería maravilloso si esa plegaria se hiciera realidad? Aunque, entonces se acabaría este curso. Bien, habéis oído rumores; yo soy Ramtha el Iluminado, lo he sido desde que me conozco. Yo soy esa entidad de la que os han hablado vuestros familiares. Ciertamente soy un profesor, y de acuerdo con vuestros científicos, soy real. ¿No es eso un alivio?

Estoy aquí porque mucha de mi gente hace mucho, mucho tiempo, antes de que se estableciera la estrechez de la mente humana, tuvo la oportunidad de seguir con sus vidas después de la gran conquista, el preciado retiro, por así decirlo, en un continente donde reinaba la paz. Ahora bien, esa gente fue mi gente. Y sin embargo, donde yo fui no había nada escrito en libros; ciertamente, tampoco había televisión. Nunca dijeron que no se podía ir allí, que aquello no se podía hacer. Yo terminé mi vida aquí y seguí.

No hubo ningún maestro que jamás me enseñara cómo hacer eso excepto la naturaleza. Yo me convertí en un observador de la naturaleza y finalmente en su amante. Y seguí adelante, porque aquí no había nada más que supusiera un reto para mí. Mi gente se quedó porque querían una vida, querían engendrar hijos y formar generaciones, crear tierra propia, pertenencias y todo eso. Yo les dije antes de partir: "Algún día, volveré. Y cuando estéis listos para ver a dónde fui, después de que hayáis vivido muchas vidas en muchos cuerpos que habréis desgastado para experimentar esto, os enseñaré dónde fui y cómo llegar allí." Bien, éste es quien soy.

Ahora bien, yo planeé venir aquí de la manera más ingeniosa —la más ingeniosa—, porque a través de los siglos ha habido un tremendo prejuicio en el que habéis incurrido y habéis arrastrado con vosotros durante generaciones, y descansa en vuestra alma. Dos de estos prejuicios son, primero, que Dios sólo es admisible para los hombres —¡qué farsa!—, y que las mujeres son menos que los hombres, por lo tanto el reino de los cielos no se les entrega, a no ser que les sea entregado por alguien del género masculino.

Dios, hoy en día y en vuestra vida, siempre ha sido referido como "Él". Su único hijo también fue "Él", y todos esos curas castrados que adoptan la postura de intérpretes entre la mujer impura y "su santísima santidad" también son "ellos", —¡basura!— todos ellos. Así que lo que vemos, incluso en lo que llamáis los tiempos modernos, es que aún hay una resistencia a tratar a las mujeres de otro modo que no sea como pertenencias, a tratarlas de otro modo que no sea algo con lo que acostarse. No podéis conocer lo que es si estáis bloqueados por los prejuicios.

De modo que regresé con una entidad que, en mi vida, deseó con mucho empeño ir donde yo fui y dirigir un ejército. Bien, ahora eso se ha hecho manifiesto. Y el ejército es mucho más resistente que aquel de hace 35 000 años. Aquí estamos luchando contra la mente cerrada, no luchamos contra el mundo. Es para aquellos que quieren venir y aprender sobre esto.

Lo que yo soy no tiene nada que ver con mi cuerpo, de igual modo que lo que vosotros sois no tiene nada que ver con vuestro cuerpo. Lo que yo soy está aquí como una conciencia plena de fuerza en un cuerpo de mujer. Aquellos que han estado cerca de mí por algún tiempo no tienen duda en su mente de que fui un hombre, ninguna duda. Y esto es verdad. Pero también están mi conciencia y mi espíritu trabajando a través de un cuerpo de mujer. Bien, no es que trabaje a través de este cuerpo, sino más bien este cerebro es una computadora, y yo pongo mi voluntad en su subconsciente en la parte trasera de su cabeza, quien se encarga de hacer funcionar el resto.

Así que cuando me miráis no podemos decir del todo que Dios es un hombre. Ni tampoco podemos decir del todo que Dios es una mujer. Pero ciertamente podemos decir que Dios es ambos y al mismo tiempo no es ninguno. Bien, ese es el mensaje. Veis, Dios no tiene afiliación en lo que respecta al género, no tiene nada que ver con el género, no tiene nada que ver con el cuerpo, está totalmente relacionado con la opinión personal. Es lo que llamamos el Yo espiritual.

Entonces regresé y, a través de una mujer muy simple y muy normal, traje una gran verdad antes de que se pusiera de moda. Y lo que dije fue: "¿No sabes quién eres? ¿No sabes que eres Dios? ¿Y por qué pensarías de otro modo? ¿Quién dice que no lo eres? Yo te digo que sí lo eres. ¿Qué debes hacer para darte cuenta? Debes convertirte en un individuo. ¿Cómo lo haces? En verdad lo haces sabiendo quién y qué eres. ¿Tenemos todos la misma enfermedad? ¿Tenemos todos la misma carencia? ¿Tenemos todos la misma necesidad? No".

El mensaje, si es llevado a cabo por el que escucha —quien se sienta atónito en silencio tratando de reconciliar este conocimiento con lo que se le enseñó cuando iba a la escuela dominical— es el siguiente: ellos se sientan ahí y una parte de ellos saben que es la verdad; lo saben. Y sin embargo está esta otra parte suya tratando de racionalizar el conocimiento. Racionalizar significa juzgarlo, que surja un juicio sobre la información. Bien, cuando aprendes sobre esos dos aspectos tuyos, ¿cuál de tus dos partes quiere apresurarse a negar aquello que es claramente un cumplido del reino más sublime y elevado?

¿Por qué negarías que posiblemente eres un Espíritu en tránsito, que posiblemente seas más que tu cuerpo, que posiblemente seas más que aquello por lo que has trabajado toda tu vida? ¿Y por qué querrías negar eso? ¿Por qué no querrías ni siquiera considerarlo? Bien, negar que Dios vive dentro de ti es negar aquello que se denomina tu habilidad para conseguir conocimiento ilimitado, tu habilidad para conseguir amor ilimitado, tu habilidad para conseguir poder ilimitado, tu habilidad para conseguir lo que se llamaba en tiempos antiguos el reino de los cielos. Ahora bien, en el principio yo le enseñé esta verdad a la gente que acudió. Fue extraordinario.

"Mira, no hay manera de que despierte mañana y diga que soy Dios."

"¿Por qué no? ¿Por qué no puedes hacerlo?"

"Bueno, porque alguien podría oírme."

"Bien, ¿y qué?"

"Verás, es que pensarían que se me ha aflojado un tornillo."

"Y se te ha aflojado. De eso se trata."

Ahora, yo traje este mensaje porque esto es lo que aprendí en mi vida. Y la vida no consiste en morirse, quiero que sepáis eso. Y la vida tampoco consiste en vivir como un asceta en algún lugar, tratando de verlo todo como si fuera Dios, porque, cuando tratas de hacer eso, te mantienes separado. La vida y Dios son compatibles. Son, y así es en verdad, la misma cosa. De modo que esta gente comenzó a decir: "Bien, así es que soy Dios", y se lo creyeron. Y después les enseñé cómo hacer cosas maravillosas. Y fueron capaces de hacer cosas maravillosas, y les dije: "¿Quién hizo esto? Yo no fui. ¿Quién hizo esto en vosotros?" Fue el Dios dentro de vosotros quien lo hizo. Es fácil.

Y así es como me hice famoso por aquí, e infame, porque os dije la verdad. ¿Y qué significa conocer eso? Significa que hay una parte vuestra que nunca habéis explotado. Y esto no tiene nada que ver con esa basura metafísica y angelical. Esto no es Nueva Era, esto es "vieja era".

Vuestro cerebro es un testamento de que no conocéis todo. ¿Sabéis que usáis menos de una décima parte de vuestro cerebro? ¿Qué es lo que está esperando el resto, esas habitaciones vacías? Está esperando algo. Bien, ¿qué puede ser ese algo? Ni siquiera Einstein usó toda la capacidad de su cerebro.

¿Y qué es lo que podría estar esperando? Esa parte tuya que aún no ha visto tus mejores días, esa parte tuya que sabe todo eso que tu ego alterado insiste que no sabes. Está despertando y dándose cuenta de ello, y siendo lo suficientemente extraordinaria para aprender a decir: "Sé que hay algo mucho más grande en mí. He sentido su movimiento, pero no sé cómo acceder a ello. No sé cómo hacer a un lado mis dudas. En verdad no sé cómo hacer a un lado mi mente racional." Entonces yo os pregunto, ¿qué es lo que os ha proporcionado vuestra mente racional? Os ha proporcionado un buen trabajo y vuestro retiro, pero no ha mantenido unidas vuestras relaciones íntimas. Y no ha evitado que os muráis. Y la mente racional tampoco sanó a vuestro cuerpo cuando estuvo enfermo. Hay algunas cosas que trascienden todo eso.

Ahora, una cosa es decir que eres Dios —suena realmente maravilloso—, pero vas a salir de aquí y olvidarlo, porque no funciona en la plaza del mercado. Sólo es filosofía. ¿Pero qué pasaría si yo te enseño cómo ser un Dios? ¿Qué pasaría si yo supiera cómo abrir tu cerebro y cómo incorporar pensamiento y manifestar realidad? Entonces podríamos decir: ¿fue el Yo racional quien hizo esto? Nunca. Es el Yo "irracional", porque Dios es ilimitado. Y ello quiere decir que tú también lo eres.

Los estudiantes, especialmente durante este período, aprenden todo en la escuela pero no logran darse cuenta de que todo lo que han aprendido es teoría, sí, teoría. Salen al mundo y entonces tratan de ponerlo todo en práctica. Imaginad a un experto en computadoras tratando de darle la vuelta a una hamburguesa. Es difícil poner esto a funcionar. Y como todo lo demás, no todo lo que oigáis es la verdad. No todo lo que os diga hoy es la verdad. Es filosofía, es filosófico. Es mi verdad porque yo me convertí en ello, lo gané por derecho, lo fui.

¿Cuándo se convertirá en vuestra verdad? ¿Cuándo sabréis que lo que yo os he dicho va a funcionar? Cuando seáis capaces de hacer algo que no habéis hecho antes. Entonces sabréis la verdad. Y si esa es la única parte de la verdad que entendisteis en todo este fin de semana, habrá valido la pena, pues es una pequeña semilla que dice que tengo la habilidad de hacer lo extraordinario. Y Dios, en verdad, no es nadie con un don especial por encima de mí. No existe tal cosa como alguien con un don especial. Sólo hay personas, aquellos que eligen saber y aquellos que no eligen saber.

Yo he sido capaz de mantener esta verdad —sin ser expulsado— durante todos estos años: "Vosotros sois Dios". Bien, no ha sido nada para mí en cuestión de tiempo. Pero, ¿sabéis cuantas personas que han venido y escuchado, han aprendido y han sido entrenados, están ahora viviendo en el mundo? Muchas, gracias a Dios. Y no es que sean seguidores míos. ¿A dónde van a ir cuando me vaya hoy de aquí? ¿Cómo podríais seguir a Ramtha? No podéis seguirme; es imposible. Los seguidores nunca aprenden nada. Los estudiantes siempre aprenden. Un estudiante está deseoso de aprender y ponerse a prueba. Los seguidores nunca se someten a una prueba; nunca aprenden. Y por supuesto, un gurú no sabe nada; de todas formas, así es que no va a enseñarles nada.

Hay muchas entidades para quienes esto es una verdad. Y no puedes mirarles y decir: "Eso es imposible. ¿Cómo sabes que Dios está dentro de ti?" No puedes mirarles y degradarlos porque son extraordinarios, porque han tocado algo dentro de ellos mismos que siempre ha estado ahí. ¿Y cómo le llaman a eso? No le dan un nombre. Simplemente lo llaman el principio Madre/Padre. "Es mi Espíritu Santo. Es mi Dios dentro de mí. Es aquello que soy en última instancia. Y yo soy más grande que mis limitaciones." Ahora conocen una verdad. Tú aún no la conoces.

Yo aún estoy aquí enseñando, porque a pesar de lo que el mundo diga, ellos van a morir. Y a pesar de cómo piensa la gente aquí, no están preparados para cambiar. Y yo no estoy aquí para cambiar el mundo sino para traer este mensaje a las vidas de los individuos que quieran conocer. Eso es todo. Un puñado de

maestros —Maestros—, ¿qué son ellos? Bien, son gente común
que despertó una mañana y dijo: "Hay algo más en la vida, y me
lo estoy perdiendo." Y son gente que no dejó sus trabajos, aban-
donó a su mujer o le dio una patada al gato. Son individuos que
dijeron: "No es asunto de mi mujer, de mi gato o del lugar donde
vivo el hacerme feliz. Es mi trabajo hacer eso. Y debe haber algo
más." Estas son las entidades que vienen a aprender.

Aprenden todo sobre sí mismos: su cerebro, cómo trabaja; su
cuerpo, cómo trabaja; sus sueños, qué son; la física, cómo se
crea la realidad desde la mente. Ellos lo aprenden todo, regresan
y lo implementan en sus vidas. Eso es lo que he venido a hacer
aquí. Y cuando tenga un grupo de gente que pueda crear la realidad en sus manos a partir de la nada y en cuestión de momentos, que pueda sanar a los enfermos con el tacto, que en verdad
pueda hacer lo extraordinario, entonces todo esto habrá valido la
pena, porque ellos se convierten en luces para el mundo.

Ellos son gente común. Vosotros sois gente común. Y ya casi
hemos llegado; tenemos entidades que ya pueden hacer estas
cosas. Y una vez se sentaron en el mismo lugar donde estás sentado, y le dieron las mismas excusas a la persona con quien aca-
bas de hablar; casi dijeron la misma cosa. ¿Y no creéis que eran
escépticos? Todos ellos eran escépticos. ¿Por qué no? Es fácil
ser así. Lo que es difícil es aceptar. Es fácil morir. Esas personas
que se están matando entre ellos y piensan que van a pasar a una
nueva vida…, basura. Morir es fácil. Vivir es duro; y sin embargo, ese es el regalo de Dios.

II
Conciencia y energía crean
la naturaleza de la realidad

Ahora bien, principiantes, hermosas entidades, ¿cuántos de vosotros conocéis la declaración "conciencia y energía crean la naturaleza de la realidad"? ¿Cuántos de vosotros sabéis lo que eso significa? Levantad las manos. Más alto. Quiero ver vuestras axilas. ¿Lo sabéis? ¿Qué es? Daros la vuelta y decírselo a vuestro compañero. ¿Qué significa? ¿Cómo os suena esto? "Eres lo que piensas; tu vida es el resultado de lo que piensas" ¿Cómo os suena? Bien, es bastante correcto, aunque suena un poco a Nueva Era, ¿verdad?

Ahora, principiantes, quiero que escribáis: "En el principio, soy conciencia y energía", eso es todo. Escribid eso. "En el principio, yo soy conciencia y energía". Entonces, estudiantes, conciencia es un término bastante nuevo; no existía en mis días. Y es una palabra misteriosa, ¿no es así? porque puede ser prácticamente cualquier cosa que un escritor quiera que sea. Es un enigma de palabra, porque hace un gran esfuerzo por explicar el auto-conocimiento. Hace un gran esfuerzo por explicar el Espíritu, por explicar la Mente y por explicar el Yo.

Ver como todo el mundo tiene dificultades con esta palabra es verdaderamente hermoso. Esta palabra es un regalo. Y, como es un regalo y su definición nunca ha sido verdaderamente entendida, entonces, cada uno que quiera usarla dentro del ámbito de su capacidad de entenderla, lo ha hecho sin que nadie diga que es incorrecto. Pero en el principio, y esto es lo que vais a aprender hoy, todos vosotros erais conciencia y energía, y eso es todo lo que hay.

Así pues, en este contexto, ¿qué significa? Significa que vosotros sois conciencia, que quiere decir estar consciente, que quiere decir Espíritu; que vosotros, viajeros con un alma —el alma es lo que se denomina el escribiente de todas vuestras vidas—, conciencia y energía con su escribiente, el alma, habéis vivido multitud de vidas en muchas encarnaciones y en muchos cuerpos. ¿Cuál es el propósito? Si vosotros sois conciencia, lo cual quiere decir que estáis conscientes, y energía, que quiere decir que sois móviles, ¿por qué, si en el principio erais todo, estaríais aquí en el fango y la oscuridad del plano de la demostración? ¿Cuál es el propósito de esta vida? Obtener la mente. Apuntad eso: Mente.

Ahora bien, la mente es otra de esas palabras, ¿no es así? A menudo es confundida con el cerebro. "Me duele aquí, en la mente". Tu mente no es tu cerebro. Y a menudo es confundida con la conciencia, pero no es lo mismo. Conciencia y energía son sus padres. Pero la mente es la suma total de hacer conocido lo desconocido. La mente es el producto final de hacer conocido lo desconocido.

De modo que aquí estáis en el principio, conciencia y energía, un ser radiante en el vacío —una vasta nada—, la nada. Pero eres consciente de esa nada. Y si la nada fuera todo aquello de lo que jamás fuiste consciente, sería un lugar común. Pero ese lugar común te dijo a ti: "Ve y haz conocido lo desconocido. Averigua quién soy y lo que soy." Y tú dices: "De acuerdo, haré eso. ¿Dónde empiezo?"

"Bien, empieza por el principio"

Contemplad lo que eso significa. Aquí es donde se crea la mente. Cuando conciencia y energía contemplan la palabra "comienzo", no hay ninguna referencia de lo que la palabra significa. Pero lo que sí hizo fue el acto de la contemplación. Contemplación, en términos de conciencia y energía, es moverse. De modo que, cuando te mueves y contemplas la palabra "principio" —la cual no tienes ni idea de lo que significa— el acto de la con-templación debe ser la definición definitiva de "principio", y lo es.

Así que conciencia y energía tienen ahora una mente. Y la mente está hecha de "principio". Bien, ¿por qué deberíamos entonces ir en busca de la mente? Porque, ¿cuántos de vosotros han oído hablar acerca de la mente de Dios? La mente de Dios, levantad las manos. ¿Cómo puede el vacío, una vasta nada, tener también una mente? Nuestra jornada es hacer conocido lo des-conocido, y cada acto de crear algo a partir de la nada produce una mente, una memoria.

Ahora bien, ¿cuánto tiempo habéis estado haciendo esto? En este plano, diez millones y medio de años, aproximadamente. Y habéis estado vivos en este plano —en esta Tierra— durante diez millones y medio de años, reencarnando cada vez en un nuevo cuerpo. ¿Por qué el Espíritu necesitaría siquiera un cuer-po? Porque este plano es más denso que conciencia y energía; es producto de ella. Este plano es una mente.

¿Por qué querríais venir hasta aquí abajo? Para hacer conoci-do lo desconocido. ¿Por qué? Porque nunca habíais estado aquí antes. Hace diez millones y medio de años —y esto lo vais a aprender hoy— bajasteis hasta aquí. Se llama "materialidad", y vosotros sois sus creadores. ¿Cuál es entonces el propósito de estar perdido en la materialidad? Hacerla conocida. Y si la única entidad para quien tienes que hacerla conocida eres tú, eso es suficiente.

Y ahora la mente, el premio de una vida: ¿Cómo pasamos de ser conciencia y energía a procesar la mente? Bien, ¿de qué está compuesta la mente? La mente está compuesta de pensamiento. Esa es otra palabra confusa, ¿no? Pensáis en ella algunas veces, pero nunca pensáis dos veces. Nunca entendéis el mecanismo de cuando le decís a alguien: "He estado pensando en ti". ¿Qué son pensar y pensamiento? Lo hacéis todo el tiempo. Y habláis como si fuerais expertos en el tema, pero no lo sois.

Diferencias entre Conciencia, Energía, Mente, Pensamiento y el Cerebro

Así que ahora os pregunto esto: ¿Cuál es la diferencia entre conciencia, energía, mente, pensamiento, y —en algún lugar tenemos que poner a esta criatura— el cerebro? Quizá pensasteis que el pensamiento era pensar, y que pensar es autoconciencia. Que la conciencia es eso: pensar. Y también pensáis que la conciencia es mente. Bueno, no es así como funciona esto.

Pensamiento —un pensamiento— es un momento congelado, una memoria de conciencia, un torrente de conciencia. Sería eso si pudiéramos ver la conciencia y la energía como un torrente, entonces el cerebro tiene la capacidad de fotografiar secciones de ese torrente y congelarlas: un momento. A ese momento de la fotografía se llama pensamiento. Ahora, antes de seguir adelante quiero que os deis la vuelta y le digáis a vuestro compañero qué es conciencia y energía, y la diferencia entre conciencia, mente, y lo que sois; simplemente lo que os he enseñado hasta ahora. Podéis comenzar.

Esto ha sido verdaderamente hermoso, principiantes. Pero ambos compañeros tienen que darse la vuelta y explicárselo el uno al otro, no que uno hable y el otro asienta. La idea aquí es que, después de que vuestro compañero os lo explique, os deis la vuelta y se lo expliquéis a él. No se trata de que tengáis una discusión, se trata de que aprendáis. ¿Entendéis? Ahora bien, todo lo que os acabo de enseñar ahora aún no lo entendéis completamente, así es que no os tenéis que preocupar de eso. Simplemente repetid lo que os he dicho, y descubriréis lo maravilloso que es que todo lo que empecéis a repetir, se empieza a comprender. ¿Lo entendéis? Claro que sí.

Conciencia y energía es lo que sois todos vosotros. La mente es la misión. La mente está compuesta de pensamientos. Entonces, ¿cuál es el mecanismo que hay en medio? Y, ¿está la mente localizada? La mente no está localizada. Conciencia y Energía, inextricablemente combinadas, son todo. Su potencial son todas las cosas, y todas las cosas las definen, pero su jornada consiste en crear a partir de lo que "es". Y el acto de crear produce una mente, y eso es lo que le damos a lo que llamamos la mente de Dios.

Vosotros pensáis que en diez millones y medio de años deberíais saber bastante. Bueno, sí sabéis. A esto de aquí se le llama el primer plano, y esta es la masa corporal requerida para este plano. Ahora bien, cada nivel tiene su cuerpo. Cada nivel tiene su cerebro. En otras palabras, piensa en esto: Existen siete niveles, lo cual quiere decir que hay siete niveles sobre los que puedes aparecer, y todos ellos están determinados por el tiempo. De modo que, dentro de esta habitación tenemos otros seis niveles que están funcionando. En cada uno de esos niveles, no puedes ir ahí al menos que tengas el cuerpo apropiado para estar ahí, porque de lo contrario no serías capaz de participar en el nivel. Para que lo entendáis, todos vosotros tenéis cuerpos en los otros niveles, y éste es el cuerpo que tenéis actualmente. ¿Y qué es tan importante acerca de todo esto?

Que nosotros creamos este lugar. Nosotros creamos el tiempo. La velocidad a la que todo lo que hay aquí está vibrando es muy lenta. Para que nosotros podamos continuar moldeando la mente, debemos habitar un cuerpo que sea extraño a lo que somos. Quiero que entendáis eso. El Espíritu que sois no es este cuerpo, aunque el Espíritu hizo este cuerpo. Este cuerpo es la vestimenta que llevamos puesta en esta vida. Y es hermoso, porque es la máquina más magnífica que jamás fue creada y nunca será duplicada. ¿Y por qué hicimos eso? Porque para que conciencia y energía tengan interacción tangible con este planeta y este tiempo, debemos habitar un vehículo que vibre a la misma velocidad que lo hace esta silla. Y así, en este momento, vosotros lo estáis haciendo.

¿Por qué tendríamos que pasar, entonces, por todas estas complicaciones? Bien, para poder obtener este cerebro, vuestra más valiosa posesión en todo el cuerpo. Simplemente vedlo de esta manera: Todos aquellos de vosotros que estáis preocupados con vuestros rostros —ya sabes, qué bonitos son, o qué feos…, lo que sea—, dad gracias a que este cerebro es tan grande, porque de otro modo, ¿quién los sostendría? Si en verdad este cerebro fuera tan grande como la parte que habéis activado, entonces vuestras cejas y vuestros ojos no tendrían lugar que los sostuviera, probablemente estarían en el pecho; el espacio que quedaría no es tan grande. Esta es vuestra más valiosa posesión.

Ahora, escuchadme. La mente de Dios completa —completa—, significa todas vuestras vidas, mas todas las vidas de cada bacteria que jamás fue creada; cada entidad que jamás fue creada y cualquier cosa que produzca una mente, se denominan la mente de Dios. Y, ¿no es interesante que se os enseñara que la mente de Dios estaba compuesta por la mente de los ángeles? Bueno, ellos no son muy listos, y ese no sería un Dios muy sabio. La mente de Dios tampoco se compone simplemente de seres humanos. También incluye cada pájaro y cada virus que jamás hayan vivido. Cada árbol produce mente. A eso es a lo que llamamos la mente de Dios.

Entonces, ¿la tenéis? Todos vosotros la tenéis. Descansa aquí, en el cerebelo bajo, el cerebro reptiliano. Quiero que os deis la vuelta rápidamente y le digáis a vuestro compañero en qué parte del cuerpo descansa la mente de Dios. Decírselo como si lo supierais. Ahora, ¿cuál es el nombre de esa parte del cerebro? Más alto principiantes, oigámoslo. El cerebelo bajo —decidlo nuevamente— es el asiento del subconsciente y de la mente de Dios. ¿Podríais escribid eso en vuestras libretas? Es el asiento del subconsciente y de la mente de Dios.

¿Cómo se desarrolla la Mente desde los comienzos de la infancia?

Ahora, todos nosotros, vosotros y yo, encarnamos aquí, y ayudamos a crear este cuerpo —esta hermosa criatura— e hicimos que el cuerpo se perpetrara a sí mismo. Nosotros hicimos eso, y eso es la mente de Dios. Este cuerpo es parte de la mente de Dios. Pero la razón por la que esto se hace tan importante para nosotros es porque el cerebro humano es una bio-computadora. ¿Qué dije? Esto es una declaración contundente, pero es verdad. Es una computadora, porque hay un torrente de conciencia —un torrente, lo que todos vosotros sois— que rodea el cuerpo y siempre se mueve a través de este cerebro. La energía se mueve así: ondula. Por eso se la llama la serpiente. Vuestra conciencia y vuestra energía mantienen este cuerpo presente unido. De este modo vuestro cuerpo presente está siendo afectado continuamente por un torrente, bañado en un torrente de conciencia, como la mente anterior.

¿Cómo conseguimos grabar esa energía? Necesitamos algo a través de lo cual esa energía se pueda mover, algo que fue creado específicamente para disparar y recibir altos niveles de energía sutil, y para ser capaz de tener la sutileza de recoger y transferir esa energía como un disparo eléctrico a cada parte diminuta del cerebro, y estimularla. Entonces el torrente de conciencia fluye siempre desde aquí atrás[1] hasta esta parte de aquí[2]. Ahora, ¿cómo se le llama a esto en vuestro gráfico? El cerebro amarillo es como nos referimos a ello: la corteza cerebral. ¿Podéis colorear esta parte del cerebro en amarillo? La corteza cerebral. Él es el cerebro nuevo; es el cerebro ignorante. No os durmáis, ape-

---

[1] El cerebelo bajo.
[2] El cerebro medio y la corteza cerebral.

nas estamos comenzando. Coloreadlo en amarillo. En esta escuela lo llamamos el cerebro amarillo, es la corteza cerebral. Es el cerebro nuevo, nacido en esta vida con este cuerpo físico.

Este cerebro de aquí atrás, el cerebro bajo, es una entidad sorprendente, porque se pasa a través de cada línea genética y no cambia. ¿Cómo es este cerebro diferente? Bien, vuestros doctores le llaman el viejo cerebro reptiliano. Permitidme que os diga lo hermoso que es este cerebro. Si fuerais capaces de tomar una cuchilla y seccionar un pequeño fragmento de este cerebro —lo suficiente como para ponerlo entre la uña de un dedo—, y lo pusierais bajo uno de vuestros microscopios, aprenderíais algo increíblemente sorprendente.

Primero, que es granular. Encontraríais que ese pequeño fragmento tiene más células, más células nerviosas interconectadas, que la totalidad del cerebro amarillo unido. Es muy compacto. Y cada vez que copuláis y traéis hijos como fruto del vientre, es programado para que cada cuerpo tenga ese cerebro. Es heredado en cada generación para que vosotros —que venís en ese cuerpo, con todo vuestro conocimiento— seáis portadores de la mente de Dios, y lo sois. Por eso cuando aprendéis a conectar con el subconsciente os estáis conectando a la mente de Dios. Ella sabe exactamente por qué estáis aquí. Pero no se lo dice a él, aquí arriba. Conoce vuestro programa aquí arriba y por qué habéis regresado a este cuerpo. Esta entidad de aquí arriba[3] no conoce otra cosa sino lo que le ha enseñado el medio ambiente.

Ahora bien, esta es nuestra computadora. Es esta computadora lo que congelamos con el tiempo, nosotros mismos. ¿Cómo funciona eso? Una demostración rápida es que quiero que pongáis una x aquí en el lóbulo frontal. Tomad vuestro lápiz y poned una x pequeña aquí en vuestra frente. Si necesitáis algo de ayuda pedidle a vuestro compañero que lo haga por vosotros; es biode-

---

3 La corteza cerebral.

gradable y se puede lavar, una x pequeña en vuestra frente. ¿Podéis hacerlo?

Este punto de aquí a menudo es conocido como el tercer ojo. Y es un poco confuso que el asiento del alma esté conectado con la glándula pineal, pero ya abordaremos ese tema otro día. La razón por la que este lugar es tan importante es que cualquier pensamiento que se pose ahí, se convierte en la realidad misma.

¿Cómo funciona eso? Desde el momento en el que salisteis del vientre —vuestro torrente de conciencia—, tuvisteis aproximadamente un año para decidir si queríais conservar ese cuerpo o no. Después de un año asumimos que sí. La mayoría de los niños se vuelven muy inteligentes aproximadamente a partir de los cuatro meses, y especialmente pasado el primer año, porque eso significa que tú, o el Espíritu, ha decidido conservar el cuerpo.

El aprendizaje ahora, después del primer año, se vuelve muy rápido. El Espíritu, aquello que eres, simplemente descansa. Y todo lo que el niño hace es aprender a través de la parte sensual de su cuerpo —su cuerpo sensual—, lo cual significa sus ojos, nariz, boca, oído, tacto. Todo ello está definido literalmente en la misma cara. Bien, ¿qué queremos decir con definición? Porque el trabajo del niño es construir la memoria del medio ambiente en el cerebro. Y los niños aprenden muy rápido. Si el niño es lo suficientemente afortunado de tener un gran padre o madre que no limite la mente del niño y permita que éste perciba el medio ambiente, entonces tenemos en nuestras manos lo que se denomina un genio. Si los padres, sin embargo, determinan el medio ambiente, entonces simplemente tenemos en la mente un duplicado de la madre o del padre, o de la niñera.

Todo lo que el niño ve, huele, prueba y siente es grabado en el cerebro por lo que se llama la red neuronal. ¿Podríais escribir eso? Los sentidos en el cuerpo tienen una base en la red neuronal del cerebro. No os durmáis. Esto no es difícil. El cerebro está compuesto de células nerviosas, billones de ellas. Ellas son las tripas de la computadora. El Espíritu permite al niño desarrollar esa red neuronal, esas neuronas. Y las neuronas se mueven mucho en el cerebro, así que es posible cambiar tu mente.

Ahora bien, el Espíritu no toma posesión del cuerpo hasta que todo esto se pone en marcha. Lo que quiero decir es que los niños rara vez crean la realidad hasta que su yo espiritual se haya activado, porque la juventud consiste en juntar neuronas en el cerebro en forma de memoria. Los niños interactúan. Ellos no crean, interactúan. Y la interacción les da esto. Van a la escuela. Alguien les dice qué hacer; ellos lo memorizan. Cada día participan en la vida; no la crean. ¿Y por qué es esto así? ¿Por qué no aparece el Espíritu hasta una cierta edad, en la que vosotros, como Espíritu, decidís activar el cerebro? Porque estamos aquí para crear la realidad. La creación de la realidad desarrolla la mente.

Consideremos esto por un momento. Se necesitan más de diez mil neuronas para activar y proyectar el color amarillo en vuestro cerebro. Pensad en el color amarillo por un momento, en algo de color amarillo. En este momento tenéis aproximadamente diez mil treinta y cinco neuronas disparando en el cerebro para daros el color amarillo. ¿Cómo lo veis? ¿Estáis viendo el amarillo con vuestros ojos? ¿Lo estáis viendo con la parte visual de vuestra corteza? ¿Cómo veis el amarillo? Daros la vuelta y explicádselo a vuestro compañero. ¿Cuántos de vosotros podéis ver el amarillo cuando yo os digo: "Ved amarillo"? Levantad las manos. Si no levantáis la mano es que estáis muertos, porque todo el mundo puede ver el amarillo.

Ahora, ¿cómo aprendisteis eso siendo niños? Visteis el color de una flor y alguien os dijo repetidamente su color, que las flores son flores pero que ciertas flores tenían ciertos colores, y fuisteis capaces de descifrar eso. Vuestras primeras memorias son de colores, y por eso tenéis ojos aquí arriba, para ser capaces de filtrar el matiz a través del cerebro y que haga una conexión.

Una vez que conseguimos el amarillo, trabajamos con el rojo, y después del rojo al verde. Y hay algunos de vosotros que pensasteis que la hierba era de color amarillo hasta que alguien os dijo una y otra vez: "No, es verde". Y cuando te dijeron eso entonces empezaste a disociar que la hierba no es amarilla al menos que esté seca. ¿Entendéis cómo sucede el aprendizaje? A lo largo de toda vuestra juventud fuisteis exploradores. Para eso se supone que es la juventud, para explorar y aprender —aprender mucho— hasta el día que llega un amanecer de madurez.

Esto tiene algo de lógica, ¿no? Porque también comenzaría a explicar los problemas con la reencarnación. Siempre se ha discutido que, si has vivido anteriormente, ¿por qué no puedes recordarlo? Además, si viviste anteriormente y eras una mujer con un cuerpo capaz, ¿por qué te tomó tanto tiempo aprender a caminar en esta vida? ¿Y por qué no sabías las cosas? ¿Por qué aún no sabes ciertas cosas? Porque este cerebro pertenece a esta vida. La última vida tuvo su propio cerebro. Esta es una nueva vida, lo que significa que puedes comenzar de nuevo.

El Espíritu lo sabe todo. Sabe todo esto. Pero está llevando al cerebro a un estado de madurez técnica del tiempo. Lo que los niños saben hoy no era conocido por los niños de hace cincuenta años. ¿Cuántos de vosotros entendéis eso? Si tú viviste hace cincuenta años y moriste, te gustaría renacer ahora, porque los avances en la mente han sido extraordinarios en los últimos cincuenta años, y eso es lo que estás buscando aquí.

Así que ahora sabes cómo leer y escribir. Sabes cómo usar los números. Conoces los colores. Tu mente se ha desarrollado en las artes. Sabes crear sonido. Sabes cómo comunicarte. Y después tienes tus pequeños prejuicios salpicados por todo esto, algunos de los cuales han sido los de tus padres. Ahora sabéis mucho. ¿Y ahora qué? El Espíritu se despierta y comienza a moverse a través de todo esto. Nosotros sabemos. Levantad vuestra mano así. Esto se llama una fisura sináptica. ¿Podríais repetirlo? Ahora vuestro puño —¡vamos! esto es una neurona—, ponedlos así. Cuando pensamos en el color, esto se dispara. Ahora quiero que hagáis esto: disparad. Pensad en ello, no golpea esto, sino más arriba. Dispara un voltio eléctrico. ¿Podéis hacerlo? Disparad. Estamos pensando en el color amarillo. Está disparando.

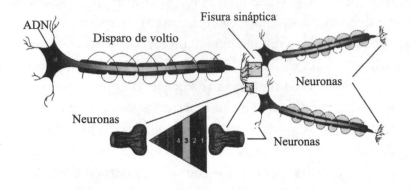

Figura 1: Las neuronas disparando y la fisura sináptica

Ahora bien, en el cerebro tenéis billones de estas: neuronas, fisuras sinápticas; el lugar a donde llega la información, masivo, complejo e ingenioso. El Espíritu sabe ahora que el cerebro está listo, que tú, quien pensaste que eras tú, está ahora listo para la iluminación. Se mueve hacia adentro y dispara hacia atrás en el cerebro, lo cual quiere decir que ahora el flujo de energía alrededor de tu cuerpo puede comenzar a moverse a través del cerebro, y el cerebro comenzará a disparar y a aislar este torrente. Imaginémonos que un torrente de conciencia es tan largo como el estrado, y que el cerebro va a cortarlo en pequeños pedazos, ordenarlo y añadirlo a lo que ya es conocido en el cerebro; o mover lo que ya es conocido a otro cerebro aquí. El cerebro está ahora dibujando un mapa de la conciencia del Espíritu.

De modo que el Espíritu se mueve; el cerebro comienza a disparar. Esto es lo que algunos han llamado una visión, una inspiración o la iluminación. Todos ellos provienen del cuerpo espiritual. No vienen del cerebro. El Espíritu se mueve —el torrente de conciencia— y el cerebro lo paraliza, dibuja su mapa. Ahora, ¿por qué pasar por todo eso? ¿Cuál es la razón por la que estamos aquí? Bien, encarnaste en este cuerpo, y traes un programa desde el Plano Sublime. Tienes algo que hacer aquí: Asuntos inconclusos y empezar a crear, hacer conocido lo desconocido; no puedes avanzar haciendo conocido lo desconocido hasta que termines el trabajo de tu última vida.

¿Y cuál será el primer arroyo que aflorará? Los asuntos inconclusos de la última vida. Podríamos profundizar mucho en este tema, lo que todo eso supondría, pero lo dejaremos para otro momento. Ese es el primer pase que debemos realizar a través del cerebro. Y la razón de que ese sea el primer pase es que el cuerpo tiene que ser orientado o destinado a un lugar en el que el cuerpo, conteniendo el Espíritu, pueda concluir los asuntos del reino de su Padre-Madre e interactuar. Ese es el primer pase. Cuando todo eso se ha hecho, entonces tenemos la oportunidad de hacer conocido lo desconocido, lo que nunca hemos hecho.

Entonces ahora sabemos que el primer paso son los asuntos inconclusos de la última vida, y que este cerebro vuestro está empezando a fotografiar cada parte de eso. ¿Por qué? Bien, porque el cerebro, que ahora es como una computadora, crea hologramas —¡no os durmáis ahora!—, sí, dije hologramas. Son una superficie plana de dos dimensiones. El pensamiento nunca es plano. El pensamiento tiene más dimensión que esto, o que la persona que está sentada a tu lado. Cada pensamiento que fabrica el cerebro del niño es holográfico, muy visual.

El cerebro produce entonces una serie de hologramas que llamamos pensamientos —y destellan justo aquí—, creados por la totalidad del cerebro para que destellen en lo que llamamos el lóbulo frontal. Y el pensamiento no es nada más que el disparo sucesivo de hologramas. ¿Y no es interesante que el pensamiento no piense en términos de lenguaje? El único lenguaje que conoce la computadora es el simbolismo, y eso ha sido creado con mucho arte por el mismo cerebro. Hay todo un centro de lenguaje en el cerebro que descifra las imágenes en palabras que el cuerpo tiene que articular.

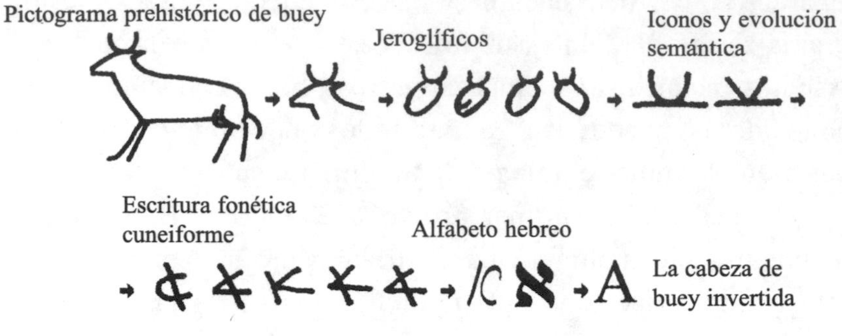

Pictograma prehistórico de buey

Jeroglíficos

Iconos y evolución
semántica

Escritura fonética
cuneiforme

Alfabeto hebreo

La cabeza de
buey invertida

Figura 2: La evolución holográfica del lenguaje escrito.

Ahora, y antes de que sigamos, quiero que le digáis a vuestro compañero de qué está hecho el cerebro. Enseñadle una neurona y una fisura sináptica, enseñadles cómo se ve el disparo,[4] y decidle qué pasa en la juventud. Podéis comenzar. ¿Estáis aprendiendo? ¿Cuántos de vosotros estáis aprendiendo? Mejor que aprovechéis este dinero que os habéis gastado.

El cerebro es una computadora. Alguien tiene que ser el programador. Esto significa que debe de haber alguien en casa. Ahora, el pensamiento es holográfico. Es producido por una red neuronal que representa formas. Por ejemplo, la misma red neuronal que produce el "amarillo" puede combinarse con la red neuronal "redondo" y la red neuronal "radiante", y cuando esas tres se disparan, tenemos el sol. ¿Cuántos lo entendéis?

Podemos tomar la red neuronal amarillo, diez mil neuronas y pico, combinarlo con la forma de una media luna y darle algunas sombras. Hasta ahora tenemos tres grupos en el cerebro disparando, porque en el momento que añadimos la forma, algo más se pone en marcha: una red neuronal basada en la sensación química del gusto. Eso se pone en marcha y muy pronto el ama-

---

[4] Véase la figura 1.

rillo se ha convertido en un plátano: delicioso. El amarillo produce calor y además es comestible. Para el cerebro, así es como funciona. Ahora podemos tomar eso y ponerlo en cada apartado de la vida, que todo lo que habéis aprendido se pueda cambiar, mezclar y producir diferentes imágenes. Nada es absoluto, ¿habéis entendido eso por lo menos?

El pensamiento es holograma. ¿Por qué pasaríamos por tantas dificultades para producir un holograma que ya sabemos que existe? Bien, porque en este cerebro presenta su imagen aquí, en el lóbulo frontal. Todo ese proceso se llama conciencia y energía. Ese es el proceso que tiene lugar en el cuerpo. ¿Por qué? Porque si sostenemos ese holograma aquí arriba y no permitimos que nada más interfiera con él, estamos sosteniendo, por voluntad, un pensamiento. ¿Con qué propósito? Ese deseo es innato en nosotros —es natural que hagamos eso—, sostener un pensamiento, porque algo sucede cuando hacemos eso. Ese pensamiento, bañado en el campo de la energía ondulante en las diferentes frecuencias que rodean tu cuerpo, y que está interconectado con todas las otras energías, ese pensamiento colapsa toda su energía en forma de partículas.

III
El estudio de la energía

Ahora dadle la vuelta a la página, vamos a estudiar la energía. Quiero que dibujéis una pequeña línea así; es muy simple. Y cuando dibujéis eso quiero que escribáis debajo: "Energía en movimiento". Vamos, podéis hacerlo. Usad vuestro cerebro. Todo el mundo tiene una red neuronal para hacer esto. Energía en movimiento: Así es como se ve.

Energía en movimiento

Partícula
atómica

Figura 3: Energía en forma de onda y de partícula.

Tomad un momento y mostradme con vuestras manos cómo se ve. Vamos, esto es energía. Ahora, ¿dónde entraría algo sólido, la solidez? Bien, como vais a aprender, en aquel entonces, cuando todos comenzamos, no había nada sólido. Lo sólido es superficial. Realmente es una ilusión. Vosotros pensáis que lo es todo. Y se supone que debéis de pensar de ese modo. Pero el Espíritu no piensa así. La razón por la que tenemos un cuerpo es porque el cuerpo está determinado a insistir en la solidez. Está

determinado a la realidad de algo, porque quiere probarlo, oler-
lo, verlo, sentirlo. Eso es lo que se supone que debe hacer.

Entonces, ¿podéis ver todo esto que hay a vuestro alrededor?
Mirad en esta habitación. Percibid el vacío que hay en esta habitación. Ved el espacio que hay entre vosotros y yo. No podéis
verlo, ¿verdad? Porque todo lo que hay entre vosotros y yo ya es
una forma solidificada. ¿Pero qué sucede con la nada —el espacio—, no lo sabéis? ¿Qué es lo que ocupa el espacio? Energía, y
las cosas que veis son energía colapsada, incluido vuestro cuerpo. Daos la vuelta y ved ahora a vuestro compañero. No sois
nada más que energía colapsada. Quiero que les digáis eso, pues
es una gran verdad. No sois nada más que energía colapsada y
una bolsa llena de químicos.

No hay nada que exista fuera de la causa fundamental, que
es conciencia y energía. No hay nada que exista fuera de ella. Es
la acción en "la nada". Entonces eso sugeriría que todo poder,
toda mente, toda habilidad está auto-contenida en ella, y lo está.
Así que ahora podríamos mirar a esta onda y decir: "Ese soy
yo", y estar en lo correcto, porque esta onda de frecuencia de
aquí es energía. Y lo que esta energía está haciendo es esperar a
tomar forma. Veis, todo lo que hay a vuestro alrededor ya se ha
formado. Y tener que regresar y seguir trabajándolo es una tarea
un poco aburrida. Lo que es una aventura es todo lo que hay entre vosotros y yo que aún no se ha formado. Es esta energía. Eso
es lo que existe entre vosotros y yo. Esto quiere decir que existe un campo de potenciales virgen en esta habitación en el que
no se ha pensado y no se ha actuado.

Ahora bien, esto es lo que la mecánica cuántica os dice, y
todos aquellos de vosotros que quieran entender cómo manipu-
lar la energía deberían estudiar la mecánica cuántica. Lo que nos
está diciendo aquí es que no existe tal cosa como la materia sóli-
da, y eso es correcto; de la única forma en que pudo solidificar-
se es que la energía se colapsó. Veamos esto. Algo la colapsó en
esta otra cosa. Llamémoslo una partícula. Quiero que dibujéis

una partícula muy grande al lado de vuestro dibujo de la energía, una partícula enorme. Ambos son el mismo ser. ¿Queréis ver qué aspecto tenéis? Así es como os veis: sois conciencia y energía. Esto, que aparentemente es sólido, no es más que energía enroscada.

Ahora quiero que escribáis esto: las ondas de energía son partículas y están activas. Son la misma cosa. Partículas y energía son la misma cosa. Podéis escribid eso. Podéis daros la vuelta y decírselo a vuestro compañero como si no lo hubieran escuchado antes. Decídselo. ¿Qué es la energía? Mostrádselo. ¿Qué es?

Ahora, principiantes, quiero que me mostréis la energía. Vamos. Enseñádmela. Es hermosa. Enseñadme una partícula. ¿Qué es ese algo misterioso que determinó que esta entidad que fluía libremente debía de hacer esto repentinamente? ¿Qué es lo que causó que la energía se enroscase hasta convertirse en masa? A ver, escuchémoslo. Decídselo a vuestro compañero. No os durmáis ahora, no os cerréis. Estáis aprendiendo.

El principio de la incertidumbre y el efecto del Observador

Lo que causa que la energía se colapse en forma de partículas es el observador. Eso es lo que os dice la ciencia, el observador. Bien, ¿quién es ese? Eres tú. Y en los experimentos científicos —y ésta es la falta de iluminación que mostraron los científicos— estaban determinados a probar que la energía y las partículas eran la misma cosa. Así que prepararon pequeños experimentos, pequeños. Y lo que ellos esperaban que pasara es lo que sucedió. Pensaron que eran genios. E hicieron el experimento otra vez, y otra, y otra vez. Decían: "¡Ah! ¿Ves?, te lo dije. La energía es una partícula. No hay diferencia".

Entonces llegó un colega, newtoniano, "físico". ¿Conocéis la física newtoniana? ¿No es algo así como una línea recta que acaba en algún lugar? Bien, ellos vienen con su duda, porque no pueden entender cómo podría ser eso. Así que llegan y preparan el mismo experimento, con la excepción de que ¿sabéis cuál determinaron que sería la acción? Ciertamente, ellos vinieron a hacer el experimento con un pensamiento predeterminado, que reaccionaría y se comportaría de acuerdo con el principio de la incertidumbre. Pues, así lo hizo. Y lo hicieron nuevamente y dijeron: "Ven, no tiene nada que ver con la masa. Son dos cosas separadas." El otro equipo llegó, hicieron el mismo experimento y la energía se convirtió en masa. Bien, hasta el día de hoy tenemos problemas.

Y ahora aquí está lo que le sucedió a unos pocos científicos ingeniosos. Ellos se dieron cuenta de algo: que la energía se comportaba exactamente de acuerdo con el observador observando el campo. En otras palabras, siempre hizo lo que ellos pensaron que haría. Así que todos tenían razón. La vieja física clásica está en lo cierto. Y la nueva física iluminada también está en lo cierto. ¿No tenemos lugar para la verdad de todos?

Ahora escuchad, el observador; son noticias maravillosas, al menos que seas clásico, por supuesto. Dejadme que os muestre cómo son los fotones de luz conscientes. Entonces ellos hicieron otro pequeño experimento. Ellos ni siquiera querían que la luz les escuchara hablar. Fueron a un cuarto recubierto de metal, de plomo. Y dijeron: "Esto es lo que vamos a hacer. Vamos a disparar un rayo de luz, pero vamos a poner una barrera enfrente. Ahora vamos a poner una pequeña ranura abajo. Y en la pared trasera, tenemos una pared sensitiva-negativa, que en el momento que la toquen los fotones de luz, seremos capaces de verlos, y vamos a delinear su curso, porque en esa fase se convertirán en un objeto sólido y abandonarán su patrón." Y una vez estuvieron de acuerdo con esto, prepararon el experimento.

Realmente hubo otra persona encargada de prepararlo, para

no dar a la luz cualquier información de lo que posiblemente iba a suceder. Así que pusieron a otro equipo a que conectara ese maravilloso rayo de fotones de luz. Y ahí va, se pone en movimiento: choca contra la pared y después desciende, pasa por la ranura, sale por el otro lado y deja su huella.

¿Muy inteligente, verdad?

"¿Quiere usted decirme que los fotones de luz están conscientes? Bien, entonces yo soy Dios."

Ciertamente lo eres.

Ahora bien, si no me crees, ten respeto por la ciencia; créele, porque lo que mostró es que —incluso cuando se escondieron detrás de la luz— la luz sabía de qué iba el juego. Sabía exactamente lo que tenía que hacer. Y normalmente un rayo de luz debería seguir una línea recta. Pero estas partículas de fotones y ondas pasaron a través de la ranura y llegaron a la pared negra. ¿No piensas ahora que la energía que existe entre tú y yo es hiper-inteligente? ¿Cuántos de vosotros estáis de acuerdo?

Pero entonces, si es tan inteligente, ¿por qué te necesita? Porque tú eres el observador. Tú eres Dios, y la energía se comporta de acuerdo con Dios. Y ahora tú dices: "Eso está bastante lejos del laboratorio". No, no lo está. Yo te podría llevar ahí y tú podrías observar una nube de fotones y ésta haría exactamente lo que tú pensaste que iba a hacer. Y tendrías que ir y explicárselo al científico, y él lo entendería. Diría: "Así es como tú pensaste que se vería un fotón."

"Sí, sí, sí."

"Bien, entonces eso es lo que viste."

¿Cuántos de vosotros lo entendéis? ¿Quién es el observador en cuanto a energía? Tú. ¿Cuál es la fuerza de la observación? El holograma que descansa aquí arriba. ¿Recordáis la x que pusisteis aquí arriba? La x marca el lugar aquí arriba. Este es el observador que en forma consciente colapsa la energía en partículas. Este tipo de enfoque puede hacer cualquier cosa que elija a este campo de energía.

Aquí hay algo más que quiero que entendáis: Si ese es el observador, y lo es, y de por sí es extremadamente inteligente, entonces a él le llamaríamos el "señor", y a esto el "sirviente". Podríamos llamar a eso "conciencia" y "energía". Ahora bien, la energía: todas las ondas de energía han sido algo. Cuando se colapsan en partículas es porque se ha enfocado en colapsar. Ello significa que toda esta onda irá a caballo de un determinado patrón, y colapsará al patrón adecuadamente.

Entender las partículas atómicas

¿Cómo puedo haceros entender? Pongámoslo de esta manera: ¿Cuántos de vosotros sabéis lo que es un átomo? Levantad las manos. Quiero ver esas axilas. Vamos. ¿De verdad sabéis lo que es un átomo? ¿Os resulta esto conocido?[5] Nunca dibujé muy bien. Ahora, este átomo que veis aquí en su centro, su núcleo, esta pequeña semilla de aquí…, ciertamente toda esta entidad es sólo una forma que adopta la energía. Entonces, cómo podría decir esto... Supongo que puedo decir que la energía se creó a sí misma en cada partícula que haya existido jamás.

Así que hay una conservación de energía en la naturaleza, y ello simplemente quiere decir que no existen taquiones establecidos, y en verdad no hay fotones de luz establecidos, ni hay electrones establecidos. Los electrones han sido núcleo; el núcleo ha sido fotones de luz; los fotones de luz han sido taquiones: todas las partículas. No os durmáis ahora. ¿Por qué es importante que lo recordéis? El saber que vosotros, como estudiantes, no necesitáis obtener más energía, simplemente tenéis que reciclar la energía que tenéis actualmente, y podéis tenerlo todo.

5 Véase la figura 3.

Tenerlo todo no quiere decir que tengáis que poneros a trabajar cuarenta veces al día para conseguir esa energía; no quiere decir eso. Simplemente quiere decir que la energía que está ahora alrededor de tu cuerpo, que ha mantenido viva tu existencia mundana, tus partículas mundanas —mundanas—, puede intercambiarse por partículas extraordinarias. Y vosotros no tenéis que hacer nada, simplemente re-formar los hologramas. Y en el momento que reformáis el holograma como el observador, vuestra vida se disolverá y se re-formará. Daos la vuelta y explicadle a vuestro compañero el efecto del observador en la energía, y decidles, al menos filosóficamente, cómo sabéis que la energía es consciente. Podéis comenzar.

Principiantes, ¿cuántos de vosotros sabéis, al menos teóricamente, que aquello en lo que estáis pensando afecta la energía a vuestro alrededor? Que así sea. ¿Os está empezando a parecer un poco más lógico? Y quizá un poco más creíble, ¿no es así? Bien, a eso se le llama iluminación.

IV
¿Qué es la realidad?

Ahora vamos a hablar de la realidad: "Conciencia y energía crean la naturaleza de la realidad". Bien, ¿qué es la realidad? ¿Podríais escribirlo? Vuestra realidad está compuesta por todas las personas, cosas, lugares, momentos y sucesos de vuestra vida. ¿Podéis daros la vuelta ahora y leerle esto a vuestro compañero en voz alta, como si fuerais el filósofo más sabio de todas las eras? Estudiantes —¡principiantes!—, ¿qué es lo que hemos dicho esta mañana? Hemos dicho que la totalidad de vuestra vida es lo que habéis creado que ésta sea. Entonces —esperad, no os vayáis a dormir ahora—, no podéis echarle la culpa a nadie más por participar en ella. ¿Me estáis siguiendo? No somos víctimas, somos creadores. Ese es nuestro estado natural de ser. No somos víctimas. Ahora, esto os va a incomodar a algunos de vosotros, porque estáis colgados de muchas cosas, culpabilidad y cosas de ese estilo. No necesitáis tener nada de eso.

¿Por qué? ¿Por qué lo tenéis aún? Porque lo mantenéis en su lugar. Porque pensáis que alguien os hizo algo. Ellos te hicieron algo o tú se lo hiciste a ellos, tú forzaste la situación, ellos sucumbieron y ahora te sientes mal por ello. Todas las acciones se autodeterminan. Quiero que recordéis eso. Es la declaración más extraordinaria y poderosa que podáis hacer. Y sin embargo toma de una entidad bastante avanzada el ser capaz de decir: "Yo creé este lío. Nadie más lo hizo". Ahora, eso es difícil de decir, ¿no crees? Porque es mucho mejor echarle la culpa a los demás por lo que nos sucedió.

Ahora bien, la culpa es una de las razones por la que estáis atrapados en la rueda de la reencarnación. Estáis regresando aquí porque ahora queréis hacer lo correcto. Es fácil señalar a alguien con el dedo y decir: "Es tu culpa". Eso es propio de un ser inmaduro, un muerto andante. ¿Qué es un ser iluminado? Esto duele, pero es decir finalmente: "Yo creé esta vida y soy totalmente responsable de cada cosa que he hecho. Nunca más echaré la culpa a los pies de nadie. Soy yo." ¿Por qué es eso liberador? Porque en el mismo momento mostrará lo poderosos que sois realmente. Y lo sois, observadores, lo sois.

Entonces, ¿cómo queréis ejercer el poder de un maestro en la vida? El modo como ejercéis el poder del maestro es liberando vuestra mente de la culpa y del victimismo, esencialmente de vuestro propio pasado. Liberarse nos llena de poder. ¿Por qué? Porque si pudisteis crear este tipo de sufrimiento —esta vida hermosa y tan preciada, este regalo—, si esta vida no ha sido más que culpa e inseguridad, miedo y vergüenza…, esa es la angustia de la condición humana. Si malgastaste una vida haciendo eso, ahí es donde tú, como observador, lo has mantenido todo en órbita. ¿Qué sucede cuando te das cuenta de eso? Todo se disuelve, todo. ¿No sabéis que el arte de perdonar no es pedirle perdón a alguien? Es dejarlo ir, observador. Cualquier ser espiritual nunca demorará en la culpa y la vergüenza. Estos asuntos serán tratados inmediatamente, porque el conocimiento enciende la luz.

¿Qué sucede entonces? Miraos a vosotros mismos. ¿Qué sucede cuando decís: "Yo creé esto". Pensad en esto: ¿Cuál fue el primer pase que dio vuestro Espíritu cuando llegó aquí? ¿A qué erais propensos? Quizá todo lo que hacíais es porque se supone que debíais hacerlo. Quizá ese fue el primer pase. Eso son asuntos inconclusos. Y la mayoría de vosotros nunca habéis salido de ese primer pase, no lo habéis solucionado y seguido adelante.

¿Qué sucede cuando decís repentinamente: "Yo creé mi vida". ¡Ah! Pero hay algo dentro de vosotros que da vueltas y se retuerce, tiene a vuestra alma atrapada en una prensa y por eso simplemente no lo podéis decir, porque, veis, vuestro honor está en vuestro sufrimiento. La gente arrogante es aquella que encuentra honor en el sufrimiento. Y el honor no os dejará que renunciéis a él, porque es vuestra queja preferida. Y vosotros os diréis: "Bien, éste es quien soy" Pues yo os diré con certeza que así es. Quedaros con él. Es vuestra creación. Pero, ¿qué pasaría si lo superarais y simplemente lo dejarais, lo arrojarais ahí afuera? ¿Qué es lo último que os podría suceder? Muchas cosas, porque nunca pensasteis de ese modo.

La red neuronal de la personalidad

¿Qué es el pensamiento? Imágenes. ¿De dónde proceden las imágenes? Del cerebro. ¿Tiene el cerebro su propio modo de pensar? Sí, se llama la personalidad. ¿Qué es la personalidad? La personalidad de alguien es la suma total de la programación en su red neuronal. ¿Qué es la emoción? Es la reacción hormonal a esa red neuronal de personalidad. ¿Qué significa eso? Significa que cuando eras niño se te permitió crecer, explorar y convertirte —se le llama la época de la inocencia— antes de que una gran madurez se apoderara de ti. Esa madurez fue la sabiduría profunda de tu Espíritu.

¿Qué sucede si tú has formulado un modo de pensar muy rígido? Aún no has permitido que tu cerebro lo mezcle todo. ¿Y quién determina ese proceso? Ciertamente eres tú quien hace eso. De modo que estás verdaderamente clavado en la culpa. Pero la culpa no es más que una red neuronal. No existe en ningún otro lugar fuera de ahí. ¿Dónde está tu culpa? Muéstramela. ¿Dónde está tu culpa? No la veo. Está aquí. ¿Por qué es importante cambiar la programación? Porque cuando cambias el programa, cambias las imágenes. ¿Qué sucede cuando dejamos ir al cerebro y alumbramos la luz del conocimiento en este agujero oscuro? Entonces comenzamos a pensar de nuevo. El cerebro comienza a reaccionar de nuevo. El Espíritu comienza a llenarte con un sentimiento que se siente correcto. El cerebro —y la razón— discuten con ese sentimiento. ¿Con qué te vas a quedar, con una forma de pensar establecida o con algo que se siente bien? Siempre ha sido tu elección.

Bien, ¿qué sucede si la luz de la razón y lo que habéis aprendido hoy aquí suprime vuestra vergüenza? ¿Cómo va a cambiar vuestra luz? Bien, así es como cambia: Habéis mantenido unidos a las personas, lugares, cosas, momentos y sucesos de vuestra vida —todo lo que habéis hecho— a través de la personalidad. Ella los mantiene en su sitio. ¿Cómo sabemos eso? Porque esas personas, lugares, cosas, momentos y sucesos no estarían en vuestra vida si primero no hubieran estado en vuestro cerebro. ¿Entendido?

Ahora bien, hay un observador continuo. La personalidad del cerebro es el observador acumulativo en el campo de la energía. Todo lo que puedes ver en tu vida —cada persona que conoces íntimamente, cada cosa que hiciste en tu vida, las cuatro paredes a las que llamas tu casa en esta vida— se mantiene unido gracias al efecto acumulativo de la personalidad del cerebro amarillo. Ese es quien tú eres, totalmente, desde el tipo de cuadros que cuelgas en la pared hasta tus colores favoritos. "Tus colores favoritos" son la red neuronal predominante en tu cerebro y a través de la cual todo será coloreado. ¿Cuántos de vosotros lo entendéis? ¿Que no lo entendéis? No podéis pensar sin el cerebro. El pensamiento es el disparo de una secuencia de pensamientos. Cada pensamiento está enganchado a una neurona. Cuando disparan en forma acumulada, producen un pensamiento.

Podemos cambiar la imagen. Podemos transformar el amarillo en un sol o en un plátano. Podemos hacer que se forme la computadora a voluntad. Pero cualquier cosa que descanse aquí[6] es lo que está causando que esto otro se mantenga en su lugar. ¿Cómo sabemos eso? Tú no tienes que tomar mi palabra como garantía. Ve y pregúntales a tus científicos de mecánica cuántica. Diles: "¿De qué está realmente compuesto el mundo?" Ellos te mirarán y dirán: "De energía".

"¿Cómo sucedió de esta manera?" Y ellos dirán: "Te pido me concedas tu tolerancia, pero yo sólo puedo especular. Lo que entendemos es que el mundo sucedió así porque alguien lo pensó de este modo.

El amor del Yo como expresión del cambio

Ahora, ¿por qué debería vuestra vida estar fuera del ámbito de la ciencia? ¿Por qué deberían vuestros problemas ser algo que exista fuera de este modelo? No sois tan especiales. Seguís siendo un ser humano. ¿Qué sucede entonces si renunciáis a la culpa? Es sorprendente. Cuando se renuncia a eso en el cerebro, una parte de vuestra vida va a cambiar casi inmediatamente. ¿Por qué? Porque la vergüenza, el miedo, la culpa, la carencia, todo eso se mantiene en su lugar gracias a un pensamiento. El sentimiento es secundario. La emoción es secundaria. La emoción no puede llegar al menos que sea pensada primero. Se mantiene unida.

¿Qué sucede si suprimimos esto? Entonces ya no hay un observador en el campo creando el efecto de rebote del sufrimiento, veis, porque si hicisteis algo a alguien hace mucho tiempo, o incluso ayer, y sentís la culpa de lo que hicisteis, sufriréis

---

6 El lóbulo frontal.

a causa de la culpa. Ya no tendréis nada que ver con esa persona nunca más, porque la culpa se convierte en el proceso del pensamiento primordial en el cerebro. Y de este modo, cuando componemos una realidad de pensamiento, si estás pensando: "Hoy es un hermoso día", imagínate al pensamiento disparando todas esas imágenes. "Hoy es un hermoso día." Bien, tenía que disparar todas esas imágenes incluso antes de que pudiera pronunciar las palabras.

Y entonces: "Pero no para mí. Es un hermoso día para todos los demás. Este no es mi día, nunca lo fue."

¿Qué pasa con esto? Socava todo lo demás.

"Oh, te ves tan feliz. Deberías estar feliz, tienes todo."

"Lo estoy. Estoy muy feliz, muy feliz. ¿Y tú no?"

"Me alegra que preguntes, pero no, nunca he estado feliz. Y he comprado todas las cosas del mundo que pude comprar. Tengo todo el dinero del mundo, y tengo toda la gente del mundo a mi alrededor. Tengo todo tipo de amantes. He hecho todo tipo de cosas. Y aún sigo aquí sentado, preguntándome qué es lo que va a pasar."

Yo os diré lo que pasa —es muy práctico—: desprendeos de la culpa por aquello que ocurrió hace veinticinco años. Simplemente apartadlo de vuestro cerebro. Cuando le ilumine la luz, el cerebro verá la lógica de la enseñanza. ¿Y qué pones en su lugar? "Soy una persona feliz". Y cuando eso puede hablarse en el lenguaje de las formas holográficas, ¿qué le sucede a la infelicidad de vuestra vida, a todo aquel que está conectado a ti por medio de la culpa? Veis, todos vosotros tenéis este compromiso no hablado. Para que haya un sufridor, debe de haber un tirano. De este modo el cerebro crea un tirano en vuestra vida que os mantiene sufriendo.

Ahora bien, esta persona que llega a vuestra vida no sabe que está ahí para haceros sufrir. Esto sólo es un aspecto de su carácter fuerte. No hay nada malo en ellos, pero contigo todo está mal, porque te hacen sufrir. Ellos ni siquiera tienen una pista de que están haciendo eso. Ese es el acuerdo no hablado: que vosotros tenéis una carencia. Las cosas buenas les pasan a todos menos a ti. Muy pronto ese es el trato. Nada bueno se cruza en tu camino. "Nunca amaré", es correcto, y ese será el trato. Nunca conocerás el amor. Nadie llegará a tu vida que jamás te traiga amor. ¿Sabes por qué? Porque el amor debe ser primero fundamental para el Yo. ¿Qué significa esto sencillamente? Tienes que amar quien eres.

¿Cómo haces eso? Échale un vistazo a tu vida y pregúntate: "¿Soy un sufridor? ¿Tengo remordimiento? ¿Soy una víctima? ¿Estoy lleno de odio y de rabia? Pregúntate eso. Y si la respuesta a cualquiera de estas preguntas es sí, la mejor manera como recibirás amor será amándote lo suficiente como para soltarlas. ¿Cómo lo haces? Sustituyes esa red neuronal. Conéctala, en lugar de conectarla al sol, al plátano. Y cuando el cerebro, como computadora, tenga la programación correcta, eso es lo que siempre disparará. Eso es el perdón verdadero, y ese es el acto del amor por uno mismo.

Amaos a vosotros mismos, nunca os torturéis. Amaos. Nunca os comparéis con nadie más. Ciertamente no hay nadie más como vosotros. Amaos. No penséis que el amor tiene que ver con vuestro aspecto. El amor tiene que ver con todo lo que se refiere a sustancia en vosotros. Así es que daros amor. No hay nadie que sea como vosotros, dejad de ser como todos los demás. Dejad de pensar que el mundo os debe algo. No os debe nada. Tú te debes algo a ti mismo. Ámate para poder perdonar a la gente que hay en tu vida. ¿Por qué? No es que sólo quieras que sean perdonados; eres tú quien quiere ser perdonado. Eso es amarte a ti mismo.

Ahora, ¿qué sucede cuando trabajas de esa manera contigo mismo? El acuerdo cambia. La gente que llegue ahora a tu vida compartirá ese denominador común. Ellos aman quienes son. Ellos son traviesos en su independencia. Piensan más en sus mentes que en sus cuerpos, para poder encontrar sustancia en el viento del atardecer, y poder encontrar amor en la naturaleza. Y si pueden hacer eso, ciertamente sienten amor por ti, porque te lo mereces. En la vida nunca consigues lo que no te mereces. Ahora quiero que os deis la vuelta y le expliquéis a vuestro compañero cómo fue creada vuestra vida.

Comencé esta pequeña charla porque quiero que entendáis que entender vuestra vida no tiene que significar el final de vuestra felicidad. A menudo es el principio de ésta, porque habéis buscado por todas partes y en todo el mundo intentando encontrar el gozo. Veis, os habéis casado con otras personas y les habéis hecho prometer que os iban a amar. ¿Qué tal si os prometierais que os ibais a amar? ¿Por qué diablos pusisteis esa carga en alguien más? Nadie es capaz de hacer eso. No hay ni siquiera un maestro en lo invisible que tenga el poder de reteneos y amaos. ¿Por qué esperáis que un mero mortal como vosotros sea tan responsable?

Bien, encontrar la felicidad en otras personas no es más que buscar aflicción, porque todos os van a defraudar igual que vosotros habéis defraudado a todo el mundo. ¿Cuántas personas quedaron defraudadas porque vosotros no resultasteis ser del modo que debierais haber sido, o tuvisteis el aspecto que debierais haber tenido? ¿A cuántas personas defraudasteis con vuestra crudeza y malos modos? Defraudáis a las personas todo el tiempo, no es nada nuevo.

Lo que quiero deciros que es de vital importancia es que cuando os veis honorablemente, os hacéis un gran servicio. Y si perdéis vuestra alegría y os entristecéis por un momento, entender esto no es ninguna condición médica, es regresar e intentar traer más conocimiento al Yo, permitirle al cerebro cambiar sin la histeria de la emoción; por eso mismo buscareis el refugio seguro en el cerebro medio. La depresión es precisamente eso.

Ahora bien, ¿será alguna vez demasiado tarde para cualquiera de vosotros? Nunca es demasiado tarde. Es el momento: Si tú vives toda tu vida en la estupidez y la ignorancia, y, de repente, en el último día de tu vida el sol se convierte en algo importante —si la única cosa importante para ti el último día de tu vida es ver el próximo día, la mañana— entonces esa mañana tendrás una comunión con la vida y con la naturaleza que en la ceguera de tu juventud y en el retiro de tu edad madura nunca viste ni sentiste. Y si en esa última mañana eres uno con los rayos dorados y con la luz danzante en el cristal de tu ventana, y si te alcanzas a ver a ti mismo siendo una parte de eso en cada momento, cuando expires, ese será el día más importante de tu vida. Entonces la vida habrá valido la pena. ¿Cuántos de vosotros entendéis eso? Que así sea.

Si somos dioses, como os he dicho, entonces estamos dotados con una responsabilidad de actuar como tales. Si somos dioses, hacernos felices no depende de nadie más que de nosotros mismos. Si somos dioses, darnos amor no depende de nadie más que de nosotros mismos. Y cuando amamos aquello que somos, Dios reina en nosotros, porque Dios es dador, no receptor. Y entonces podemos amar a todo el mundo incondicionalmente. ¿Por qué? Porque puedes amar sin condiciones, sin que tenga que ser recíproco. ¿Por qué necesitarías que fuera recíproco si es algo que ya está en ti? Esta es la libertad máxima, y así es como son los maestros en última instancia. ¿Y no es esto hermoso? Cuando amas a la gente ya no tienes que preocuparte si son jóvenes o viejos, si están delgados, si el color de su piel es el adecuado, o si su cuenta bancaria está en negativos. Y todo eso desaparece porque la autenticidad de lo que eres ya está ahí, y hay lugar para todos.

Y esto es lo que queremos decir con: "El amor incondicional es lo primero que debes concederte." De todo lo que habéis aprendido en este breve espacio de tiempo, en estos maravillosos días que hemos estado juntos, quiero que sepáis que esta es la enseñanza más importante en este curso de principiantes, porque sin este conocimiento, y en verdad, sin el esfuerzo de aplicarlo, es posible que creéis fenómenos en esta escuela —pues

tenéis la habilidad— pero los fenómenos no os harán felices en
último término. Como cualquier otra cosa, será algo común y
corriente, y vosotros aún sentiréis un espacio vacío aquí.
¿Cuántos de vosotros lo entendéis? Que así sea. Daos la vuelta
y explicadle a vuestro vecino lo que os acabo de enseñar, por
favor.

El Observador manifiesta a ambos: el escepticismo o la apertura de la mente

Ahora, ¿cuántos de vosotros habéis entendido lo que acabáis de
aprender? Levantad vuestras manos. Lo entendéis. Realmente,
¿no es eso maravilloso? Finalmente ya nunca más tendréis que
ir al psiquiatra. Entonces es el cerebro, quien con su capacidad
de soñar y con permiso del Espíritu, ha creado la vida. ¿Para
qué? Para hacer conocido lo desconocido y para crear la mente.
De modo que cada cosa que puedas ver en tu vida —probar, sen-
tir, oler— tú la has manifestado. Esa es la suma total de tu
esfuerzo consciente.

   ¿Y por qué será que algunos sueños no se hacen realidad?
¿Cuántos de vosotros, principiantes, tuvisteis sueños que no se
han realizado? Nunca lo hicieron. Levantad las manos. Bien, os
he preguntado algo. Si nos basamos en este modelo —muy simple—, el observador crea la realidad con aquello en lo que está
enfocando. ¿Por qué no se realizaron algunos de vuestros sueños? Esto es muy importante, porque para todos aquellos de vosotros que sois escépticos, ahora sabéis de donde viene vuestro
escepticismo. Vuestro escepticismo viene de…, sabéis perfecta-
mente que la vida es dura y real, es muy difícil, y que soñar des-
pierto es de idiotas.

   Sólo conocéis la causa más básica. Vuestro escepticismo ha
prevenido que vuestros máximos sueños jamás se hayan mani-

festado. ¿Por qué? Porque el sueño, cualquiera que sea, es un sueño compuesto de multitud de dendritas en armonía. Este sueño tiene su propia red neuronal. En tu cerebro está tan vivo como tu mano. El cerebro no ve ninguna diferencia entre tu sueño y tu mano. Pero, ¿quién la ve? Bien, se llama el centro lógico. El centro lógico es el Anticristo —el Anticristo—, porque en este centro todo es sopesado, si es bueno o malo, si o no, alto o bajo, pasado-futuro, blanco-negro, ya sabes, todas esas tonterías. La lógica consiste en juzgar; es muy simple.

Y lo que habéis hecho es creer en las mentiras de otro. Creéis en la realidad de alguien más. Tomasteis prestado su observador y lo pusisteis en vuestro cerebro. ¿Y qué era su observador? Se le llama una opinión. Y su opinión dijo: "Bien, sigue soñando, porque yo no creo en los sueños. Lo que creo es que tú tienes que trabajar todos los días para ganarte el pan. Y si eres hombre, tienes que trabajar con el sudor de tu frente, o si usas tu cerebro, hazlo para ofender a otros hombres y mantener siempre el poder y el control; y si eres mujer, usa tus encantos femeninos para mantener a raya al hombre que trae el dinero a casa y así obtener lo que quieres. Nunca bajes la guardia."

A eso se le llama "La escuela de la buena etiqueta". Es una opinión. Pero en el cerebro que sueña está pegada a una red neuronal que dice: "No eres real. Mi mano es real, pero tú no eres real". De modo que tenemos el sueño, pero tenemos un censor conectado a él. Entonces, ¿cómo aparece en el cerebro? El sueño avanza hasta el cerebro y en el momento que te involucras totalmente, y te entregas, hay una pequeña voz dentro de tu cabeza. Ahora, el cerebro no tiene voz. Puede decir palabras utilizando esto, y sabe cómo pensar las palabras porque las ha memorizado. Así que desde su banco de memoria sale esta pequeña voz, y dice: "Es sólo un sueño; no se convertirá en realidad". O "No te lo mereces; sé realista". ¿Cuántos de vosotros lo entendéis y cuántos habéis oído esa voz? Es la voz de la opinión. Eso es todo lo que es.

Ahora quiero que sepáis que cuando el sueño aparece tiene un cáncer, porque ese sueño tiene todo el derecho a afectar campos de energía igual que lo hace tu mano. Pregúntate: "¿Conocerá mi cerebro la diferencia?" ¿Nunca habéis oído a un gran maestro decir: "Esto no es más que una ilusión"? Bien, lo es. Ahora todo lo que seas capaz de componer, es. Todo lo que tienes que hacer es eliminar tu duda. Si mantienes tu duda ahí, pierdes. La duda sólo conserva lo viejo, lo común. Si elimináis la duda, ¿qué podéis perder? Lo que vais a perder son los viejos sueños en lugar del nuevo. Eso es todo. ¿Por cuánto tiempo? Bien, ¿cuánto creéis? ¿Por cuánto tiempo podéis mantener este enfoque aquí arriba, en el lóbulo frontal?

Para poder hacer eso, es casi como trabajar con una computadora y hacer que una imagen permanezca en la computadora, después cambiar la imagen lentamente pero sin llegar a apagar la pantalla. En el cuerpo humano a eso se le llama enfoque. A la personalidad humana no le gusta hacer eso. A la personalidad le gusta volar por ahí y reconectar sus fronteras. El único aspecto tuyo que tiene el poder de mantener el enfoque es el ser espiritual que realmente eres. Y puede hacer que el enfoque permanezca inmóvil. Y en el momento en que te conviertes en ese enfoque, pierdes todo el sentido del tiempo, el espacio y el ser, de repente te olvidas de que estás en esta habitación, te olvidas de que estás en este cuerpo, y de repente eres aquello en lo que estás enfocando. Se le llama mente analógica. En el momento en que tocas la mente analógica, pones en marcha este sueño como el observador. ¿Cuántos de vosotros lo entendéis?

Hablemos ahora de la creencia y la incredulidad. ¿Por qué deberíais de creer en algo? ¿Por qué no deberíais de creer en algo? ¿Qué hay ahí para no creer? Pensad en esto por un momento, hacedlo. ¿Qué hay ahí para no creer? ¿Qué tal la vida y la muerte? Bueno, eso es un poco nebuloso. ¿Qué beneficio te da el no creer en nada? ¿Qué beneficio te da el tener una mente abierta? Te da todo. ¿Qué pierdes cuando abandonas la duda? El control. Y el control es muy poderoso, porque la gente que es así es gente muy controladora.

Ahora bien, maestros, ¿por qué estáis aquí hoy? Porque algo os urgía para que estuvierais aquí. ¿Qué? Quizá lo que os he dicho hoy, y no he hecho más que empezar. Vosotros habéis empezado a aprender. Y si tomarais todo este conocimiento —si vais a casa esta noche y descubrís que el perdón no consiste en perdonar a nadie sino a ti mismo—, si vais a casa esta noche y estáis cansados de estar infelices y os decidís a ser felices, entonces este día habrá servido bien su propósito. Y también descubriréis que os vais a volver más saludables, más felices y más jóvenes. La infelicidad es una enfermedad que siempre se manifiesta en el cuerpo. Y si vais a casa esta noche, miráis a vuestra vida y decís: "Dios mío, yo creé todo esto; ¿por qué no pude haberlo hecho mejor?" Pero… ¿Qué es mejor?

Escuchad, sólo podéis hacer lo que sabéis. Simplemente nadie os dijo esto nunca, y en cualquier ocasión que alguien lo intentó, siempre había alguien más allí para ridiculizarlo. Nadie te dio nunca permiso para soñar, además, nadie te dijo jamás cuál era la ciencia. Y nadie te dio nunca permiso para cambiar tu vida y decir: "Eso es bueno", porque yo quiero que sepáis que el cambio es precisamente de lo que trata Dios.

Lo que está estancado en nuestra vida es aburrido. Ya ha sido vivido, ha sido hecho y ha sido pensado. Ha sido probado, olido y sentido. Es aburrido. Es un estancamiento del Espíritu. Cuando comenzáis a cambiar no se trata de lastimar a nadie. Se trata de vuestra propia liberación. Cuando cambiáis —el observador ahí arriba cambia en vosotros— la totalidad de vuestra vida va a pasar por una metamorfosis. Y cuando se re-forma, reflejará exactamente vuestro estado de ser. No tenéis nada que perder por amaros a vosotros mismos, sólo el pasado.

¿Y qué vais a ganar ahora? Oh, voy a enseñaros a soñar como un Dios, cómo aceptar el sueño, amar el sueño, y conocer que cualquier cosa que se siente aquí arriba es saber la diferencia entre una personalidad y el Espíritu cuando piensa. Hasta aquí, hoy tuvisteis una buena lección. Habéis entendido cosas que nunca antes supisteis, aunque sólo filosóficamente, por supuesto.

Cuando el estudiante está listo, el Maestro aparece

Ahora, maestros, antes de que sigamos y permitamos que esto se os vaya de las manos, no hay nada de lo que os he enseñado hoy que sea bueno o malo. Bueno y malo no existe en el reino de Dios. Bueno y malo es una decisión privilegiada que hacemos los seres humanos. Y a menudo todo el mundo tiene tanto miedo de ser malo, que nunca son buenos.

Lo que os he expresado hoy es mi verdad, y hace mucho tiempo que ando por ahí, y entiendo la naturaleza humana. Y si fuiste sabio, probablemente viste algunas ideas de tu propio Yo proyectadas en la pizarra. Y si fue un poco incómodo, no te preocupes. Todo el mundo se estaba retorciendo. Pero eso no significa que lo que os he enseñado sea malo. Entended esto. Eso no es una crítica o una condena.

Cuando no sabes más y todo el mundo a tu alrededor lo está haciendo, parece que sea lo más apropiado, ¿no es así? La razón por la que necesitáis un profesor —y no un profesor de este planeta, porque ellos siempre están influenciados por el comercio, la aceptabilidad, las estrellas o cualquier cosa— es que cuando el estudiante está listo, el Maestro aparece. Aparece. No os llama por teléfono, aparece. Aparece, ¿por qué? Porque vosotros no podéis saberlo, ni hay nadie en vuestra sociedad que sepa con toda seguridad lo que sucede después de la muerte. Eso aún está en el aire. El jurado aún no ha tomado esa decisión.

Y no hay nadie en este plano —nadie— que esté cualificado para deciros de dónde venís, a dónde vais de regreso y cuál fue vuestra misión aquí. ¿Sabéis por qué? Porque no hay nadie de este plano que haya estado allí. Ellos aún están aquí. Y de ahí es de donde habéis sacado este ridículo concepto de que las estrellas guían vuestra vida. Entregáis vuestro poder a alguna cosa reluciente en el vacío, realmente tenéis un problema. Podéis decir: "Pero todo funcionó bien". Permitidme que os diga por qué funcionó bien.

¿Tenéis alguna idea? ¿Cuántos de vosotros tenéis aunque sea una pista? ¿Qué propiedades se implicaron para que esto sucediera así? Conciencia y energía. Cualquier cosa que aceptéis en ese lóbulo frontal, debo deciros, mi dulce gente, que va a suceder. Podéis apostar cualquier cosa. Ahora, todos los adivinos están siempre en lo cierto. Están en lo cierto incluso cuando se equivocan. ¿Sabéis por qué siguen estando en lo cierto cuando se equivocan? Porque rehusáis creerles. Siempre están en lo cierto. ¿Entendéis cómo funciona? Se llama manipulación mental.

Y no permitáis que ningún oficial del gobierno os diga que os están lavando el cerebro. Y no permitáis que la América corporativa os lo sugiera, porque ellos son los mayores abusadores que existen. Veis, la verdad siempre se le oculta al populacho, porque si ellos supieran la verdad, se acabaría el juego. Ninguno de los que tienen el control quiere que despierte nadie. Por eso éste se llama el plano de la demostración, y por eso cuando regresáis aquí estáis en una prisión. Y tenéis que luchar para salir, y a menudo hacerlo solos. Entregar vuestro poder a una baraja de cartas, entregar vuestro poder a una tetera, entregar vuestro poder a un psíquico…, cháscharas. Vosotros sois los creadores de la realidad.

Entonces, si tú entiendes eso, eres un hombre o una mujer sabia. Cuando entendáis esto no vayáis por ahí tratando de complacer a nadie, preguntándole qué es lo que os aguarda, porque quizá escudéis lo que realmente queréis escuchar. ¿Cuántos lo entendéis? Veis, todos los doctores, si son genuinos, son adivinos.

Y ahora, con respecto al profesor: Alguien tiene que guiaros para salir de aquí. Tiene que ser alguien que ya ha estado donde vosotros estáis tratando de llegar. Si ellos han estado ahí, pueden describíroslo, y pueden deciros cómo llegar hasta allí, cómo hacerlo, cómo ser; si ellos ya dejaron sus huellas para vosotros, y si seguís esas huellas como corresponde, llegaréis a alguna parte.

La razón por la que cada estudiante de la Gran Obra necesita un profesor-hierofante es porque no saben. Aún tienen que formular el conocimiento necesario para saber a dónde van. Ellos no saben cómo abrir el subconsciente. Todo el mundo piensa que el subconsciente se abre con las drogas. Dejadme que os diga, que si tenéis que recurrir a las drogas alucinógenas para conocer a Dios, os estáis mezclando con la gente equivocada. Dios no os hizo tan complicados para que "todo lo que es" no se os pueda revelar. Todo lo que tenéis que hacer es aprender el secreto de abrir la puerta. Y no consiste en destruir vuestro cerebro. Quiero que sepáis eso.

Todos esos estúpidos que toman drogas —su red neuronal está tan desordenada— suenan como si fueran profetas, porque lo que dicen no tiene sentido. Eso es precisamente lo que vosotros no queréis hacer. Ser lo que yo os digo que seáis es algo tan natural en vosotros. Simplemente tenéis que saber cómo hacerlo. Para eso, debes tener conocimiento, y el conocimiento debe abarcarlo todo. Debe incluir vuestro cuerpo, cómo funciona; cómo funciona vuestra genética, vuestro cerebro y vuestro medio ambiente; y después aprenderéis acerca de ese lugar secreto llamado el lóbulo frontal. Y así, una mañana, despertaréis totalmente alarmados, porque entenderéis que cada cosa que habéis estado pensando se ha manifestado, cada día de vuestra vida.

Esos pensamientos tontos que tenéis mientras hervís el agua, se están manifestando. Esos pensamientos que tenéis cuando estáis sentados frente a vuestra computadora, se están manifestando. El pensamiento común: "Oh, Dios mío, esto que pienso naturalmente es lo que mantiene a todo unido". ¿Cómo pensar en las cosas comunes de un modo nada común? Yo os enseñaré cómo hacerlo.

Ramtha

Glosario de Ramtha

ALMA • Ramtha se refiere al alma como «el Libro de la Vida», en el que el viaje completo de la involución y evolución del individuo se graba en forma de sabiduría.

ANALÓGICO • Ser analógico significa vivir en el Ahora. Es el momento creativo y existe fuera del tiempo, el pasado y las emociones.

BANDAS, LAS • Son los dos conjuntos de siete frecuencias cada uno que rodean al cuerpo humano y lo mantienen unido. Cada una de esas siete capas de frecuencia en cada banda, corresponde a los siete sellos de los siete niveles de conciencia en el cuerpo humano. Las bandas son el campo áurico que posibilita los procesos de la mente binaria y la mente analógica.

C&E=R • Conciencia y Energía crean la naturaleza de la realidad.

C&E® • Es la abreviatura de Conciencia & Energía®. Esta es la marca registrada de la disciplina fundamental que se enseña en la Escuela de Iluminación de Ramtha (RSE) y que se utiliza para la manifestación y para elevar la conciencia. Por medio de esta disciplina el estudiante aprende a crear un estado mental analógico, abrir los sellos superiores y crear la realidad desde el Vacío. El curso de C&E® para principian tes es un curso introductorio en el cual los estudiantes principiantes aprenden las disciplinas y conceptos fundamentales de las enseñanzas de Ramtha. Estas enseñanzas del curso introductorio pueden encontrarse en el libro *Guía del iniciado para crear la realidad* (Editorial Sin Limites, 2000), y en el vídeo *Creando la realidad personal* (Yelm: JZK Publishing, a division of JZK, Inc, 1997).

CAMPO • *Véase* Trabajo de Campo^{SM}

CAMINATA DEL CRISTO • Disciplina diseñada por Ramtha en la que el estudiante aprende a caminar con lentitud y plenamente consciente; aprende a manifestar la mente de un Cristo a cada paso que da.

CEREBRO AMARILLO • Con este término Ramtha se refiere a la neocorteza, la morada del pensamiento emocional y analítico.

CONCIENCIA • Es el hijo que nació del Vacío cuando éste se contempló a sí mismo. Es la estructura y esencia de todo ser. Todo lo que existe ha sido originado en la conciencia y manifestado exteriormente por su servidora, la energía. El flujo de conciencia alude al estado continuo de la mente de Dios.

CONCIENCIA COLECTIVA • Concepto similar al "inconsciente colectivo" de Karl Jung. Una conciencia colectiva es un estado mental reconocible que un grupo de gente, país o cultura, poseen en común.

CONCIENCIA CUERPO-MENTE • Es la conciencia perteneciente al plano físico y al cuerpo humano.

CONCIENCIA PRIMARIA • Es el Observador, el gran Yo, el Dios interior de la persona humana.

CONCIENCIA REFLEJO (O SECUNDARIA) • Cuando Punto Cero inició el acto de contemplación del Vacío, creó un reflejo en el espejo de sí mismo, un punto de referencia que hizo posible la exploración del Vacío. Se la llama conciencia secundaria o conciencia reflejo. Véase el **YO**.

CONCIENCIA SOCIAL • Es la conciencia del segundo plano y de la banda de frecuencia del infrarrojo. También se llama la imagen de la personalidad humana, la mente de los tres primeros sellos. Se refiere a la conciencia colectiva de la sociedad humana. Es la colección de pensamientos, suposiciones, juicios, prejuicios, leyes, moralidad, valores, actitudes, ideales y emociones de la fraternidad de la raza humana.

CONCIENCIA Y ENERGÍA • Conciencia y Energía están combinadas de manera inextricable y son la fuerza dinámica de creación. Todo lo que existe se origina en la conciencia y se manifiesta en la materia a través de la modulación del impacto de su energía.

CRISTO • Este no es el nombre ni el título de ningún individuo en particular, es el nombre que reciben todos aquellos que han dominado el plano físico y conquistado la muerte. El Cristo en la persona humana es el Dios interior, el aspecto divino de la persona.

CRUZADO ("CROSSOVER") • Con este término se designa a las almas que, en su siguiente encarnación, quisieron comprender al sexo opuesto conservando la perspectiva de su género. Un cruzado puede entenderse como un hombre viviendo en el cuerpo de una mujer y viceversa. Sucede a menudo que las personas confundidas acerca de su orientación sexual son cruzados, pero no siempre éste es el caso.

CUARTO PLANO • El cuarto plano de existencia es el reino de la conciencia puente y la frecuencia ultravioleta. Se lo define como el plano de Shiva, el destructor de lo viejo y creador de lo nuevo. En este plano la energía todavía no se ha divido en carga positiva y carga negativa. Todo cambio o curación permanente del cuerpo físico debe realizarse primero en el nivel del cuarto plano y el Cuerpo Azul. A este plano se lo llama también el Plano Azul o plano de Shiva.

Cuarto sello • Está asociado con la glándula del timo y con el amor incondicional. Cuando se activa este sello, se libera una hormona que mantiene al cuerpo en un perfecto estado de salud y detiene el proceso de envejecimiento.

Cuerpo Azul • Cuerpo correspondiente al cuarto plano de existencia, la conciencia de puente y la banda de frecuencia ultravioleta. El Cuerpo Azul es el "señor" que está por encima del cuerpo de luz y del plano físico.

Cuerpo Azul®, curación por el • En esta disciplina que enseña Ramtha, el estudiante eleva su conciencia despierta al nivel de conciencia del cuarto plano y del Cuerpo Azul con el fin de curar o modificar el cuerpo físico.

Cuerpo Azul®, danza del • En esta disciplina que enseña Ramtha, el estudiante eleva su conciencia despierta hasta el nivel de conciencia del cuarto plano. Esta disciplina permite el acceso al Cuerpo Azul y la apertura del cuarto sello.

Cuerpo de luz • Es lo mismo que el cuerpo radiante; es el cuerpo que corresponde al tercer plano, a la conciencia despierta y a la banda de frecuencia de la luz visible.

Cuerpo dorado • Cuerpo correspondiente al quinto plano, la superconciencia y la frecuencia de rayos X.

Cuerpo emocional • Es la colección de emociones pasadas, actitudes y patrones electroquímicos que definen la personalidad humana de un individuo. Ramtha lo define como la seducción de quien no está iluminado. Es la causa de la reencarnación cíclica.

Dios • Las enseñanzas de Ramtha son una exposición de la frase que afirma "Tú eres Dios". La humanidad puede definirse como los "dioses olvidados". Dios es diferente del Vacío: Dios es el punto de conciencia que surgió del Vacío cuando éste se contempló a sí mismo.

Dios Desconocido • El Dios Desconocido era el Dios único de los lemures, los ancestros de Ramtha. Representa también la divinidad olvidada y el origen divino de la persona humana.

Dios interior • Es el Observador, el Yo verdadero, la conciencia primaria, el Espíritu, el Dios dentro de la persona humana.

Dioses • Seres tecnológicamente avanzados provenientes de otros sistemas estelares que llegaron a la Tierra hace 455 000 años. Estos dioses manipularon a la raza humana genéticamente, modificando y mezclando nuestro ADN con el suyo. Son responsables de la evolución de la neocorteza y utilizaron a la raza humana como mano de obra esclava. Evidencia de estos sucesos ha quedado grabada en las tablas y artefactos sumerios. Este término se utiliza también para describir la verdadera identidad de la humanidad, los "dioses olvidados".

Dios-hombre • La plena realización de un ser humano.

Dios-mujer • La plena realización de un ser humano.

Disciplinas de la Gran Obra • Todas las disciplinas de la Gran Obra que se practican en la Escuela de Iluminación de Ramtha han sido diseñadas en su totalidad por Ramtha. Estas prácticas son iniciaciones poderosas en las que el estudiante tiene la oportunidad de aplicar y experimentar por sí mismo las enseñanzas de Ramtha.

Emociones • Una emoción es el efecto físico y bioquímico de una experiencia. Las emociones pertenecen al pasado porque son la expresión de experiencias ya conocidas y fijadas en los mapas de las conexiones neuronales del cerebro.

Energía • La energía es el complemento de la conciencia. Toda conciencia lleva consigo un impacto dinámico de energía, una radiación o una expresión natural de sí misma. Del mismo modo, todas las formas de energía contienen una conciencia que las define.

ENVIAR Y RECIBIR • Disciplina que enseña Ramtha, en la cual el estudiante aprende a obtener información usando las facultades del cerebro medio y excluyendo la percepción sensorial. Esta disciplina desarrolla en el estudiante la capacidad psíquica de telepatía y adivinación.

EVOLUCIÓN • Es el viaje de regreso a casa, desde los niveles más bajos de frecuencia y la materia hasta los niveles más elevados de conciencia y Punto Cero.

EXTRAORDINARIO ("OUTRAGEOUS") • Ramtha utiliza esta palabra para referirse a algo o alguien que está más allá de lo común, que es ilimitado y que posee gran audacia y bravura.

FUERZA VITAL • Es el Padre, el espíritu, el aliento de vida dentro de la persona; la plataforma desde la cual la persona crea sus ilusiones, sueños e imaginación.

GRAN OBRA (O EL GRAN TRABAJO) • Es la aplicación práctica de las enseñanzas de las Escuelas de Sabiduría Antigua. Alude a las disciplinas mediante las cuales la persona humana se ilumina y se transmuta en un ser divino e inmortal.

HACER CONOCIDO LO DESCONOCIDO • Esta frase expresa el mandato prístino y divino que recibió la conciencia original: manifestar y hacer conscientes todos los potenciales infinitos del Vacío. Representa la intención primordial en la que se inspira el proceso dinámico de la evolución.

HIEROFANTE • Maestro profesor capaz de manifestar aquello que enseña e iniciar a sus estudiantes en ese conocimiento.

HIPERCONCIENCIA • Es la conciencia correspondiente al sexto plano y a la frecuencia de rayos gamma.

ILUMINACIÓN • Es la plena realización de la persona humana, la conquista de la inmortalidad y la mente ilimitada. Es el resultado de elevar la energía Kundalini desde la base de la columna vertebral hasta el séptimo sello, despertando las partes del cerebro que están en estado latente. Cuando la energía penetra en el cerebelo inferior y el cerebro medio, y la mente subconsciente se abre, la persona experimenta un destello de luz cegadora llamado iluminación.

INFINITO DESCONOCIDO • Banda de frecuencia del séptimo plano de existencia y de la ultraconciencia.

INVOLUCIÓN • Es el viaje desde Punto Cero y el séptimo plano hasta los niveles de materia y frecuencia más bajos y densos.

JZ KNIGHT • Única persona que Ramtha ha designado como su canal. Ramtha se refiere a JZ como "su amada hija". Ella fue Ramaya, una de los hijos de la Casa del Ram durante la vida de Ramtha.

KUNDALINI • La energía Kundalini es la fuerza vital que, durante la pubertad de la persona, desciende desde los sellos superiores hasta la base de la columna vertebral. Es un gran paquete de energía que está reservado para la evolución humana y usualmente se lo representa como una serpiente enroscada en la base de la columna. Es diferente de la energía que emana de los tres primeros sellos y que es responsable de la sexualidad, del dolor y el sufrimiento, y del poder y el victimismo. Al Kundalini se lo llama, generalmente, la serpiente o el dragón durmiente, y el trayecto que realiza desde la base de la columna hasta la coronilla se llama el camino de la iluminación. Esto ocurre cuando la serpiente despierta y empieza a dividirse y a danzar alrededor de la columna vertebral, ionizando el fluido espinal y cambiando su estructura molecular. Como resultado de esto, se abren el cerebro medio y la puerta a la mente subconsciente.

LIBRO DE LA VIDA • Ramtha se refiere al alma como "el libro de la vida" en el que se registra, en forma de sabiduría, el viaje completo de la involución y evolución de cada individuo.

LISTA, LA • Disciplina que enseña Ramtha, en la cual el estudiante escribe una lista de lo que quiere saber y experimentar, y aprende a enfocarse en ella en un estado analógico de conciencia. La lista es el mapa que una persona usa para diseñar, cambiar y reprogramar su red neuronal. Es una herramienta que ayuda a la persona a producir cambios significativos y duraderos en sí misma y en su realidad.

LUZ, LA • Tercer plano de existencia.

MENSAJERO ("RUNNER") • En la vida de Ramtha, un mensajero era el responsable de entregar información o mensajes concretos. Un maestro profesor posee la capacidad de enviar "mensajeros" a otras personas para manifestar sus palabras o intenciones en forma de una experiencia o suceso.

MENTE • La mente es el producto de la acción de los flujos de conciencia y energía en el cerebro que crea formas de pensamiento, segmentos holográficos o patrones neurosinápticos llamados memoria. Los flujos de conciencia y energía son lo que mantienen vivo al cerebro; son su fuente de poder. La capacidad de pensar de una persona es lo que la provee de una mente.

MENTE ANALÓGICA • Significa "una sola mente". Es el resultado de la alineación de la conciencia primaria y la conciencia secundaria, del Observador y la personalidad. En este estado mental se abren los sellos cuarto, quinto, sexto y séptimo; las bandas giran en dirección opuesta —como una rueda dentro de otra— creando un vórtice poderoso que permite que los pensamientos alojados en el lóbulo frontal se coagulen y manifiesten.

MENTE BINARIA • Significa "dos mentes". Es la mente que se produce cuando se accede al conocimiento de la personalidad humana y el cuerpo físico, sin llegar al conocimiento de nuestra mente subconsciente profunda. La mente binaria se basa únicamente en el conocimiento, la percepción y los procesos de pensamiento de la neocorteza y los tres primeros sellos. En este estado mental, los sellos cuarto, quinto, sexto y séptimo permanecen cerrados.

MENTE DE DIOS • La mente de Dios se compone de la mente y la sabiduría de todas las formas de vida que han existido y existirán en cualquier dimensión, tiempo, planeta o estrella.

MENTE DE MONO • La mente oscilante de la personalidad.

MENTE SUBCONSCIENTE • La mente subconsciente está ubicada en el cerebelo inferior o cerebro reptiliano. Esta parte del cerebro tiene, de manera independiente, sus propias conexiones con el lóbulo frontal y con la totalidad del cuerpo. Tiene el poder de penetrar en la mente de Dios, en la sabiduría de las eras.

OBSERVADOR • Se refiere al responsable de colapsar la partícula/onda de la mecánica cuántica. Representa el Yo verdadero, el Espíritu, la conciencia primaria, el Dios que vive dentro del ser humano.

PEGAMENTO CÓSMICO • Término que Ramtha utiliza para describir la fuerza que mantiene unido al universo. Para Ramtha, el amor es el pegamento cósmico.

PENSAMIENTO • El pensamiento es diferente de la conciencia. El cerebro procesa un flujo de conciencia modificándolo en segmentos —imágenes holográficas— de impresiones neurológicas eléctricas y químicas llamadas pensamientos. Los pensamientos son los componentes básicos de la mente.

PERSONALIDAD, LA • Es la conciencia secundaria, la conciencia de reflejo, el viajero que ha olvidado su origen y su herencia divinos.

PERSONAS, LUGARES, COSAS, TIEMPOS Y SUCESOS • Son las principales áreas de la experiencia humana a las que la personalidad está ligada emocionalmente. Representan el pasado de la persona y constituyen la satisfacción del cuerpo emocional.

PLANO DE LA DEMOSTRACIÓN • Al plano físico se lo llama también plano de la demostración, ya que en él la persona tiene la oportunidad de demostrar su potencial creativo en la materia y presenciar la conciencia como forma material a fin de expandir su entendimiento emocional.

PLANO SUBLIME • Es el plano de descanso donde las almas proyectan su próxima reencarnación luego de haber hecho el repaso de la vida. También se lo conoce como el Cielo o Paraíso, donde no hay sufrimiento, pena, necesidad ni carencia, y donde todo lo que se desea se manifiesta inmediatamente.

PRIMER SELLO • El primer sello está asociado con los órganos de reproducción y la sexualidad.

PRINCIPIO MADRE/PADRE • Es el origen de toda la vida, Dios el Padre, la Madre eterna, Punto Cero.

PROCESO DE VISUALIZACIÓN TWILIGHT® • Se utiliza cuando se practica la disciplina de la Lista u otras formas de visualización.

PUNTO CERO • Punto primigenio de conciencia creado por el Vacío mediante el acto de contemplarse a sí mismo. Punto Cero es el hijo original del Vacío.

QUINTO PLANO • Plano de existencia de la superconciencia y de la frecuencia de rayos X. También se lo conoce como el Plano Dorado o paraíso.

QUINTO SELLO • Es el centro en nuestro cuerpo espiritual que nos conecta con el quinto plano. Está asociado con la glándula tiroides y con hablar y vivir la verdad sin dualidad.

RA • Dios egipcio del sol. Ramtha utiliza este nombre para referirse al sol.

RAM • Abreviación del nombre Ramtha. Ramtha significa "el Padre".

RAMAYA • Ramtha se refiere a JZ Knight como su amada hija. Ella fue Ramaya, la primera que se convirtió en hija adoptiva de Ramtha durante su vida. Ramtha encontró a Ramaya abandonada en las estepas de Rusia. Mucha gente entregó sus hijos a Ramtha durante la marcha como gesto de amor y el más alto respeto; estos niños crecerían en la casa del Ram. Sus hijos llegaron a ser 133 en número, aunque él nunca tuvo hijos naturales.

RAMTHA (ETIMOLOGÍA) • El nombre Ramtha el Iluminado, Señor del viento, significa el Padre. También se refiere al Ram que descendió de la montaña en lo que se conoce como El Terrible Día del Ram. "En toda la antigüedad se refiere a eso. Y en el antiguo Egipto había una avenida dedicada al Ram, el gran conquistador. Y eran lo suficientemente sabios como para saber que cualquiera que pudiera caminar por la avenida del Ram podría conquistar el viento". La palabra Aram, nombre del nieto de Noé, está formada por el nombre arameo Araa —tierra, continente— y la palabra Ramtha, que quiere decir elevado. Este nombre semítico nos evoca el descenso de Ramtha desde la montaña, que inició la gran marcha.

REPASO DE LA VIDA • Cuando una persona llega al tercer plano después de morir, realiza una revisión de la encarnación que acaba de dejar. La persona tiene la oportunidad de ser el observador, el ejecutor y el receptor de sus propias acciones. Todo lo que ha quedado sin resolver en esa vida y que sale a la luz en este repaso, establece el plan que ha de seguirse en la próxima encarnación.

REVISIÓN EN LA LUZ • *Véase* Repaso de la vida.

SEGUNDO PLANO • Plano de existencia de la conciencia social y de la banda de frecuencia del infrarrojo. Está asociado con el dolor y el sufrimiento. Este plano es el polo negativo del tercer plano de la frecuencia de la luz visible.

SEGUNDO SELLO • Centro de energía correspondiente a la conciencia social y a la banda de frecuencia del infrarrojo. Está asociado con el dolor y el sufrimiento y se localiza en la zona inferior del abdomen.

SÉPTIMO PLANO • Plano de la ultraconciencia y de la banda de frecuencia del infinito desconocido. Es aquí donde comenzó el viaje de la involución. El séptimo plano fue creado por Punto Cero al imitar el acto de contemplación del Vacío y, de este modo se creó la conciencia secundaria o de reflejo. Entre dos puntos de conciencia existe un plano de existencia o dimensión de espacio y tiempo. Todos los otros planos se crearon a partir de reducir la velocidad del tiempo y frecuencia del séptimo plano.

SÉPTIMO SELLO • Este sello está asociado con la coronilla, la glándula pituitaria y el alcance de la iluminación.

SEXTO PLANO • Es el reino de la hiperconciencia y la banda de frecuencia de rayos gamma. En este plano se experimenta la conciencia de ser uno con la totalidad de la vida.

SEXTO SELLO • Sello asociado con la glándula pineal y la banda de frecuencia de rayos gamma. Cuando se activa este sello, se abren las formaciones reticulares que filtran y mantienen velado el saber de la mente subconsciente. La apertura del cerebro alude a la apertura de este sello y a la activación de su conciencia y energía.

SHIVA • El Señor Dios Shiva representa al Señor del Reino y el Cuerpo Azul. No se usa en referencia a la deidad particular del hinduismo. Es más bien la representación del estado de conciencia correspondiente al cuarto plano, a la banda de frecuencia ultravioleta y a la apertura del cuarto sello. Shiva no es hombre ni mujer, es un ser andrógino, ya que la energía del cuarto plano aún no se ha dividido en polos positivo y negativo. Esta es una diferencia importante con la tradición hindú, la cual representa a Shiva como una deidad masculina y con una esposa. La piel de tigre a sus pies, el tridente, y el sol y la luna al mismo nivel que su cabeza, simbolizan el dominio de este cuerpo sobre los tres primeros sellos de conciencia. El Kundalini está representado como una llamarada de energía que sube desde la base de la columna vertebral hasta la cabeza. Otra simbología en la imagen de Shiva son los largos mechones de cabello oscuro y los abundantes collares de perlas, que representan la riqueza de la experiencia convertida en sabiduría. El carcaj, el arco y las flechas son los instrumentos con los cuales Shiva dispara su voluntad poderosa, destruye la imperfección y crea lo nuevo.

SIETE HERMANAS • Otro nombre de la constelación de las Pléyades.

SIETE SELLOS • Son poderosos centros de energía en el cuerpo humano que corresponden a siete niveles de conciencia. Conforme a estos sellos, las bandas mantienen al cuerpo unido. De los tres primeros sellos o centros de todo ser humano salen pulsaciones de energía en forma de espiral. Esta energía que sale de los tres primeros sellos se manifiesta como sexualidad, dolor o poder, respectivamente. Cuando los sellos superiores se abren, se activa un nivel más elevado de conciencia.

SUEÑO CREPUSCULAR (TWILIGHT) • Esta palabra se usa para describir una disciplina enseñada por Ramtha en la cual los estudiantes aprenden a poner al cuerpo en un estado catatónico similar a un sueño profundo, pero reteniendo su conciencia consciente.

SUPERCONCIENCIA • Es la conciencia del quinto plano y de la banda de frecuencia de los rayos X.

TAHUMO • Disciplina enseñada por Ramtha en la cual el estudiante aprende la habilidad de dominar los efectos del entorno natural —frío y calor— en el cuerpo humano.

TANQUE® • Es el nombre que se le da al laberinto que se usa como parte de las disciplinas de la Escuela de Iluminación de Ramtha. Con los ojos vendados, los estudiantes tienen que encontrar la entrada del laberinto y recorrerlo enfocándose en el Vacío, sin tocar las paredes y sin usar los ojos ni los sentidos. El objetivo de esta disciplina es encontrar, con los ojos vendados, el centro del laberinto o el cuarto específico que representa al Vacío.

TELARAÑAS AZULES • Representan la estructura básica del cuerpo humano en un nivel sutil. Es la estructura ósea invisible del reino físico que vibra en el nivel de la frecuencia ultravioleta.

TERCER PLANO • Plano de la conciencia despierta y de la banda de frecuencia de la luz visible. Se lo conoce también como el plano de la luz y el plano mental. Cuando la energía del plano azul baja a esta banda de frecuencia, se divide en polos negativo y positivo; en este momento el alma se divide en dos originando el fenómeno de las almas gemelas.

TERCER SELLO • Centro de energía de la conciencia despierta y de la banda de frecuencia de la luz visible. Está asociado con el control, la tiranía, el victimismo y el poder. Está localizado en la región del plexo solar.

TRABAJO DE CAMPOSM• Una de las disciplinas fundamentales de la Escuela de Iluminación de Ramtha. Los estudiantes aprenden a crear el símbolo de algo que desean saber y experimentar, y lo dibujan en una tarjeta de papel. Estas tarjetas se colocan sobre las vallas que cercan un extenso campo, de modo que la cara en blanco del papel sea la que quede a la vista. Los estudiantes, con los ojos vendados, se enfocan en su símbolo y dejan que el cuerpo camine libremente hasta su tarjeta aplicando la ley de conciencia y energía.

TRES PRIMEROS SELLOS • Son los sellos de la sexualidad, el dolor y la supervivencia, y el poder. Son los que normalmente están en funcionamiento en todas las complejidades del drama humano.

ULTRACONCIENCIA • Es la conciencia del séptimo plano y de la banda de frecuencia del infinito desconocido. Es la conciencia del maestro ascendido.

VACÍO, EL • El vacío se define como una vasta nada materialmente, pero todas las cosas potencialmente.

YESHUA BEN JOSÉ • Ramtha se refiere a Jesucristo con el nombre de Yeshua ben José, siguiendo la tradición judía de la época.

YO, EL • Verdadera identidad de la persona humana, su aspecto trascendental. Es el observador, la conciencia primaria.

Los siete sellos

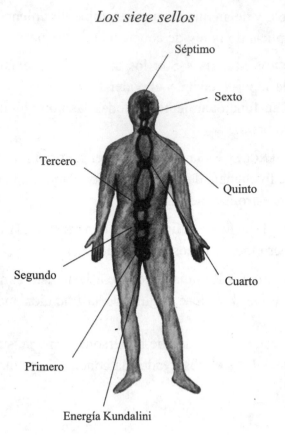

Séptimo

Sexto

Tercero

Quinto

Segundo

Cuarto

Primero

Energía Kundalini

Siete niveles de conciencia y energía

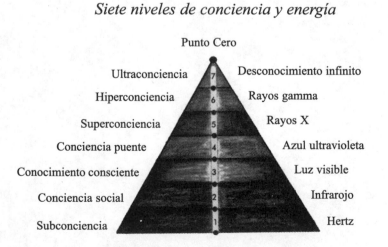

Punto Cero

Ultraconciencia	7	Desconocimiento infinito
Hiperconciencia	6	Rayos gamma
Superconciencia	5	Rayos X
Conciencia puente	4	Azul ultravioleta
Conocimiento consciente	3	Luz visible
Conciencia social	2	Infrarojo
Subconciencia	1	Hertz

El cerebro

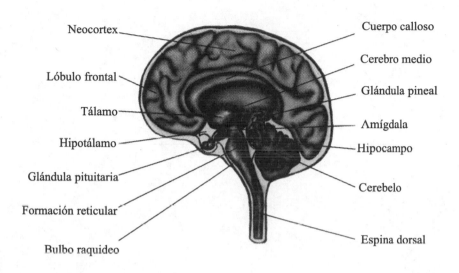

Neocortex

Lóbulo frontal

Tálamo

Hipotálamo

Glándula pituitaria

Formación reticular

Bulbo raquideo

Cuerpo calloso

Cerebro medio

Glándula pineal

Amígdala

Hipocampo

Cerebelo

Espina dorsal

Colección Sin Límites

RAMTHA («El Libro Blanco»)

«Yo soy Ramtha, una entidad soberana que vivió hace mucho tiempo en este plano llamado Tierra o Terra. En aquella vida yo no morí, sino que ascendí, porque aprendí a controlar el poder de mi mente y a llevarme mi cuerpo a una dimensión invisible de vida. Al hacer esto, me di cuenta de la existencia de una libertad, una felicidad y una vida ilimitadas.

«Ahora soy parte de una hermandad invisible que ama grandemente a la Humanidad. Nosotros somos vuestros hermanos que oímos vuestras plegarias y vuestras meditaciones, y observamos vuestros movimientos.

«Todos vosotros sois muy importantes y preciosos, porque la vida que fluye por vosotros y el pensamiento que os llega —cualquiera que este sea— es la inteligencia y fuerza vital que llamáis Dios. Es esta esencia la que nos conecta a todos, no sólo a los que habitan vuestro plano, sino también a aquellos en universos innombrados que aún no tenéis ojos para ver.

«Estoy aquí para recordaros una herencia que la mayoría de vosotros olvidó hace mucho, mucho tiempo. He venido a daros una perspectiva más noble desde la cual podáis razonar y entender que vosotros sois realmente entidades divinas e inmortales que siempre han sido amadas y apoyadas por la esencia llamada Dios.

«A lo largo de vuestra historia, hemos intentado de muchas maneras recordaros vuestra grandeza, vuestro poder y la eternidad de vuestras vidas. Nosotros fuimos reyes, conquistadores, esclavos, héroes, cristo crucificado, maestros, guías, filósofos... cualquier cosa que permitiera la existencia del conocimiento.

«Esta enseñanza no es un precepto religioso, es simplemente conocimiento. Es amor. Yo os amaré hasta que conozcáis a Dios y os convirtáis en el amor y el gozo del Dios que vive dentro de vosotros.»

RAMTHA: OVNIS, Conciencia, Energía y Realidad

OVNIS, Conciencia, Energía y Realidad es una descripción a veces alarmante, a veces consoladora de lo que llamaríamos «intervención extraterrestre» en nuestra historia, nuestro presente y nuestro futuro. Basado en material canalizado, nos permite apreciar lo que hay «allá», descrito por alguien que está «allá». Aunque plantea muchas nuevas preguntas, aclara muchas de las profundas inquietudes que han obsesionado la mente desde tiempos inmemoriales.

De una manera muy sencilla y muy directa, *OVNIS, Conciencia, Energía y Realidad* pone al descubierto quiénes son, de dónde vienen y qué es lo que quieren. Este libro cambiará la manera como hemos entendido todo lo que nos han contado. Tenemos derecho a saber sobre la enorme influencia que los extraterrestres han ejercido sobre la Biblia, el gobierno y nuestra vida diaria. OVNIS, Conciencia, Energía y Realidad es una disertación lúcida sobre el tiempo lineal, la objetividad, la mente interdimensional, la superconciencia y la transfiguración de la materia. Y a pesar de lo que podamos pensar, este es un libro acerca de la esperanza, el amor y Dios.

RAMTHA: Independencia Financiera

Independencia Financiera proporciona al lector un nuevo entendimiento de lo que son el dinero y el oro y le dice cómo utilizar ese conocimiento para lograr independencia en el mundo de hoy.

Este libro también muestra que los que manejan el mundo lo hacen por medio del dinero y fomentan un clima que oprime al hombre hasta un estado servil de dependencia y necesidad, mientras que los poderosos continúan acumulando el dinero.

RAMTHA: Enseñanzas Selectas

Verdadero tesoro acerca de la maestría personal, este célebre libro plantea un reto al espíritu y abre al lector a una visión de las magníficas posibilidades de la vida. Una atractiva colección de enseñanzas que gustará de igual manera a quienes están familiarizados con este material, así como a quienes éste es su primer contacto con Ramtha.

«Yo he venido a exaltar la divinidad que hay dentro de ti y dentro de todos los seres. Porque, en estado de inocencia, os habéis convertido en esclavos de las ilusiones y limitaciones del plano material, que es vuestra realidad. La ironía es que, puesto que sois Dios, poseéis un poder infinito que a cada momento crea las ilusiones y las limitaciones. Cuando os percatéis de que habéis creado las limitaciones por medio de vuestro propio poder y virtud, os daréis cuenta de que la ley también funciona de la misma manera en la dirección opuesta, o sea, que poseéis dentro de vosotros el poder para producir lo ilimitado.»

RAMTHA: El Último Vals De Los Tiranos

El Último Vals de los Tiranos revela las extraordinarias oportunidades y los desafíos a los que se enfrenta la humanidad en los días por venir. Este libro pone al descubierto la historia y proyectos de los Hombres Grises, las familias secretas y los poderosos banqueros que manipulan la Bolsa de Valores, son dueños de la Reserva Federal y controlan casi todo el dinero del mundo.

El libro también examina el curso que se ha trazado la Naturaleza, con la vida aparentemente al borde de la destrucción. No obstante, el interés fundamental del autor es brindar conocimiento al lector. Un conocimiento que, a la luz de estas predicciones, abre nuestras mentes y nos permite tomar las decisiones para un futuro que está a la vuelta de la esquina.

Esta obra es fundamental para entender cuál es la situación del medio ambiente, la política y la economía. Es un grito por el cambio, un llamado a la soberanía personal.

RAMTHA: Las Antiguas Escuelas De Sabiduría

En *Las Antiguas Escuelas de Sabiduría*, Ramtha expone el preludio y la introducción a la formación de su Escuela de Iluminación. Nos cuenta la historia de cómo funcionaban las antiguas escuelas en tiempos pretéritos y cuál era el propósito de su instrucción tan preciada: despertar al Dios interior que está olvidado. Ramtha explica cómo y por qué las escuelas fueron destruidas, así como todos los que asistían a ellas. Nos muestra por qué él ha tomado como base la sabiduría antigua para enseñarnos lo que sabe.

Ha llegado la hora de restablecer la sabiduría antigua para que ya no permanezca escondida y reservada para un grupo selecto, sino que esté abierta a todo aquel que tenga el deseo de saber. Las perlas de sabiduría contenidas en esta magnífica obra iluminarán e inspirarán al lector hacia un nivel de entendimiento elevado que sentará las bases desde las cuales se accederá a niveles de realidad todavía no experimentados.

RAMTHA: Guía Del Iniciado Para Crear La Realidad

En 1988, después de diez años de canalizar a través de JZ Knight, Ramtha estableció su Escuela de Iluminación. Allí, los estudiantes —alrededor de tres mil provenientes de todo el mundo— reciben de Ramtha un conocimiento que les ayuda a cambiar sus vidas, y practican disciplinas que les permiten experimentar lo que han aprendido.

Guía del Iniciado para crear la Realidad, resume las enseñanzas básicas que reciben los estudiantes en su primer encuentro con Ramtha. Éstas incluyen: nuestros orígenes en el Vacío, la conciencia y la energía como método para crear la realidad, la relación entre cerebro y mente, el campo áurico y la mecánica cuántica, y el Kundalini y los siete sellos como el camino de regreso a casa, entre muchas otras.

«Estás aquí para crecer; estás aquí para crear la realidad, no para mantener el statu quo. Estás aquí para crecer en conocimiento, filosofía y luego en la verdad. Estás aquí para vivir, no para tenerle miedo a la vida. Estás aquí para utilizar tu cerebro en la creación de pensamientos y en la conquista de la ignorancia.»

El Regreso De Inanna, de V.S. Ferguson

El Regreso de Inanna fue escrito en seis meses por medio de «transcripción automática». Usando la memoria de vidas pasadas de V.S. Ferguson, Inanna revela cómo ella y los otros «dioses» se han insertado a través del tiempo en sus seres multidimensionales en carne y hueso como nosotros, para activar nuestro ADN latente y liberar a la especie humana.

«Yo, Inanna, regreso para contar cómo, hace 500 000 años, mi familia de las Pléyades tomó posesión de la Tierra y alteró los genes humanos con el fin de producir una raza de trabajadores creada para extraer oro destinado a la agotada atmósfera de Nibiru, nuestro planeta y hogar. Como éramos técnicamente muy superiores, esta raza de trabajadores —la especie humana— nos adoraba como a dioses. Nos aprovechamos de ellos para librar guerras en medio de nuestras disputas familiares interminables hasta que, de un modo estúpido, desatamos sobre la Tierra la terrible arma gandiva, que envió una onda de radiación destructiva por toda la galaxia...»

Las Nueve Caras De Cristo, de Eugene E. Whitworth

Este libro trata de la religión secreta y verdadera que hay detrás de todas las religiones, así como de la preparación e iniciación del candidato en los estudios metafísicos secretos y sagrados: desde los misterios de los Magos hasta el antiguo adiestramiento egipcio para el Dios-Rey.

Aquí se revelan verdades iniciáticas como las que el gran filósofo griego Platón no se atrevió a enseñar porque estaba bajo juramento de no hacerlo. El libro trata de la búsqueda incansable e inteligente de la religión verdadera, habla sobre la revelación de la verdad religiosa que estuvo tanto tiempo tan escondida que alguien arriesgó la vida misma por encontrarla.

Las Nueve Caras de Cristo es la narración de José-ben-José, un Mesías crucificado 57 años a.C. Expone los métodos y técnicas para desarrollar la divinidad interior o iniciada.